Pedro Calderón de la Barca

Casa con dos puertas es mala de guardar

Barcelona **2024**
Linkgua-ediciones.com

Créditos

Título original: Casa con dos puertas.

© 2024, Red ediciones S.L.

e-mail: info@linkgua.com

Diseño de cubierta: Michel Mallard.

ISBN tapa dura: 978-84-1126-242-2.
ISBN rústica: 978-84-9816-398-8.
ISBN ebook: 978-84-9897-138-5.

Sumario

Brevísima presentación

La vida
Pedro Calderón de la Barca. (Madrid, 1600-Madrid, 1681). España.
Su padre era noble y escribano en el consejo de hacienda del rey. Se educó en el colegio imperial de los jesuitas y más tarde entró en las universidades de Alcalá y Salamanca, aunque no se sabe si llegó a graduarse.
Tuvo una juventud turbulenta. Incluso se le acusa de la muerte de algunos de sus enemigos. En 1621, se negó a ser sacerdote, y poco después, en 1623, empezó a escribir y estrenar obras de teatro. Escribió más de ciento veinte, otra docena larga en colaboración y alrededor de setenta autos sacramentales. Sus primeros estrenos fueron en corrales.
Lope de Vega elogió sus obras, pero en 1629 dejaron de ser amigos tras un extraño incidente: un hermano de Calderón fue agredido y, al perseguir al atacante, entró en un convento donde vivía como monja la hija de Lope. Nadie sabe qué pasó.
Entre 1635 y 1637, Calderón de la Barca fue nombrado caballero de la Orden de Santiago. Por entonces publicó veinticuatro comedias en dos volúmenes y La vida es sueño (1636), su obra más célebre. En la década siguiente vivió en Cataluña y entre 1640 y 1642, combatió con las tropas castellanas. Sin embargo, su salud se quebrantó y abandonó la vida militar. Entre 1647 y 1649 la muerte de la reina y después la del príncipe heredero provocaron el cierre de los teatros, por lo que Calderón tuvo que limitarse a escribir autos sacramentales.
Calderón murió mientras trabajaba en una comedia dedicada a la reina María Luisa, mujer de Carlos II el Hechizado. Su hermano José, hombre pendenciero, fue uno de sus editores más fieles.

En esta comedia de enredo se sucede de manera vertiginosa el juego de intrigas y equívocos. Calderón escribió esta obra tras sufrir una crisis personal motivada por el cierre de los teatros y la muerte de un hermano.
Casa con dos puertas... hace referencia a lo difícil que es controlar a las hijas liberales que se atreven a meter a sus amantes en casa.

Personajes

Calabazas, criado
Celia, criada
Don Félix, galán
Fabio, viejo
Laura, dama
Lelio, criado
Lisardo, galán
Marcela, dama
Silvia, criada
Un Escudero

Jornada primera

Salen Marcela y Silvia en corto con mantos, como recelándose, y detrás Lisardo y Calabazas.

Marcela	¿Vienen tras nosotras?
Silvia	Sí.

Marcela

Pues párate. —Caballeros,
desde aquí habéis de volveros,
no habéis de pasar de aquí,
porque si intentáis así   5
saber quien soy, intentáis
que no vuelva donde estáis
otra vez, y si esto no
basta, volveos, porque yo
os suplico que os volváis.   10

Lisardo

Difícilmente pudiera
conseguir, señor, el Sol
que la flor del girasol
su resplandor no siguiera.
Difícilmente quisiera   15
el norte, fija luz clara,
que el imán no le mirara,
y el imán difícilmente
intentara, que obediente
el acero le dejara.   20
Si Sol es vuestro esplendor,
girasol la dicha mía,
si norte vuestra porfía,
piedra imán es mi dolor;
si es imán vuestro rigor,   25

acero mi ardor severo.
Pues ¿cómo quedarme espero,
cuando veo que se van,
mi Sol, mi norte y mi imán,
siendo flor, piedra y acero?   30

Marcela   A esta flor hermosa y bella,
                   términos el día concede,
                   bien como a esa piedra puede
                   concederlos una estrella,
                   y pues él se ausenta, y ella,   35
                   no culpéis la ausencia mía;
                   decid a vuestra porfía,
                   piedra, acero o girasol,
                   que es de noche para el Sol,
                   para la estrella de día.   40
                   Y quedaos aquí, porque
                   si este secreto apuráis,
                   y a saber quién soy llegáis,
                   nunca a veros volveré
                   a aqueste sitio, que fue   45
                   campaña de nuestro duelo;
                   y puesto que mi desvelo
                   me trae a veros aquí,
                   creed de mí que importa así.

Lisardo   De vuestro recato apelo,   50
                   señora a mi voluntad,
                   y supuesto que sería
                   no seguiros cortesía,
                   también será necedad.
                   Necio o descortés, mirad   55
                   cuál mayor defecto es,
                   veréis [que] el de necio, pues

10

no se enmienda, y así a precio
de no ser, señora, necio,
tengo de ser descortés.   60
Seis auroras esta aurora
hace que en este camino
ciego el amor os previno
para ser mi salteadora:
tantas ha que a aquella hora   65
os hallo a la luz primera,
oculto Sol de su esfera,
de su campo rebozada
ninfa, deidad ignorada
de su hermosa primavera.   70
Vós me llamastis, primero
que a hablaros llegara yo;
que no me atreviera, no,
tan de paso y forastero.
Con estilo lisonjero,   75
áspid ya de sus verdores,
no deidad de sus primores,
desde entonces fuistes; pues
áspid, que no deidad, es
quien da muerte entre las flores.   80
Dijístisme que volviera
otra mañana a este prado,
y puntual mi cuidado
me trujo como a mi esfera.
No adelanté la primera   85
ocasión, porque bastante
no fue mi ruego constante,
a que corriese la fe,
que adora lo que no ve,
ese velo de delante: 90
viendo, pues, que siempre es nuevo

el riesgo, y el favor no,
quiero a mí deberme yo
lo que a vuestra luz no debo:
y así a seguiros me atrevo,   95
que hoy he de veros, o ver
quien sois.

Marcela   Hoy no puede ser,
y así dejadme por hoy,
que yo mi palabra os doy
de que muy presto saber   100
podáis mi casa, y entrar
a verme en ella.

Calabazas [A Silvia.]   ¿Y a ella
doncella desa doncella
(la verdad en su lugar,
que yo no quiero infernar   105
mi alma) hay cosa que le obligue
a taparse?

Silvia   Y si me sigue,
tenga por muy cierto.

Calabazas   ¿Qué?

Silvia   Que me persigue, porque
quien me sigue me persigue.   110

Calabazas   Ya sé el caso vive Dios.

Silvia   ¿Qué va que no le declaras?

Calabazas   Muy malditísimas caras

12

	debéis de tener las dos.	
Silvia	Mucho mejores que vós.	115
Calabazas	Y está bien encarecido, porque yo soy un cupido,	
Silvia	Cupidos somos yo y tú.	
Calabazas	¿Cómo?	
Silvia	Yo el pido, y tú el cu.	
Calabazas	No me está bien el partido.	120
Marcela [A Lisardo.]	Esto os vuelvo a asegurar otra vez.	
Lisardo	Pues ¿qué fianza le dejáis a mi esperanza de las dos que he de lograr?	
Marcela (Descúbrese.)	La de dejarme mirar.	125
Lisardo	Usar desa alevosía para turbar mi osadía, ha sido traición, pues ya viéndoos, ¿cómo os dejará quien sin veros os seguía?	130
Marcela	Quedad, pues, de mí seguro de que muy presto sabréis mi casa, y entenderéis	

| | cuánto serviros procuro, | |
| | esto otra vez aseguro. | 135 |

Lisardo   Ya en seguiros soy de hielo.

Marcela   Y yo sin ningún recelo
de que agradecida estoy,
por esta calle me voy.

Lisardo   Id con Dios.

Marcela   Guárdeos el cielo.   140

(Vanse las dos.)

Calabazas   ¡Linda tramoya, señor!
Sigámosla hasta saber
quién ha sido una mujer
tan embustera.

Lisardo   Es error
Calabazas, si en rigor   145
ella se recata así,
seguirla.

Calabazas   ¿Eso dices?

Lisardo   Sí.

Calabazas   Vive Dios, que la siguiera
yo, aunque hasta el infierno fuera.

Lisardo   ¿Qué me debe, necio, di,   150
de haber cuatro días hablado

14

	conmigo en este lugar, para darle yo un pesar, de quien ella se ha guardado?	
Calabazas	Debe el haber madrugado estos días.	155
Lisardo	Ya que estamos solos, ya que así quedamos sobre lo que podrá ser tan recatada mujer, discurramos.	
Calabazas	Discurramos. Dime tú, ¿qué has presumido de lo que has visto y notado?	160
Lisardo	De estilo tan bien hablado, de traje tan bien vestido, lo que he pensado y creído, es, que esta debe de ser alguna noble mujer, que donde no es conocida, disimulada y fingida, gusta de hablar y de ver, y por forastero a mí para este efeto eligió.	165 170
Calabazas	Mucho mejor pienso yo.	
Lisardo	Pues no te detengas, di.	
Calabazas	Mujer que se viene así a hablar con quien no la vea,	175

donde ostentarse desea
bachillera y importuna,
que me maten si no es una
muy discretísima fea,   180
que por el pico ha querido
pescarnos.

Lisardo   ¿Y si la hubiera
visto yo, y un ángel fuera?

Calabazas   ¡Vive Dios, que me has cogido!
La Dama Duende habrá sido,   185
que volver a vivir quiere.

Lisardo   Aun bien, sea lo que fuere,
que mañana se sabrá.

Calabazas   ¿Luego crees que vendrá
mañana?

Lisardo   Si no viniere,   190
poco, o nada habrá perdido
la necia esperanza mía.

Calabazas   El madrugar a otro día
¿poca pérdida habrá sido?

Lisardo   El negocio a que he venido   195
a madrugar me ha obligado,
no le debo a este cuidado.

Calabazas   Cerca de casa vivió,
pues de vista se perdió
cuando a casa hemos llegado.   200

Lisardo	Y tarde debe de ser.
Calabazas	Sí, pues vistiéndose sale quien a los dos nos mantiene, sin ser los dos justas reales.

(Salen Don Félix y el Escudero como vistiéndose.)

Lisardo	Don Félix, bésoos las manos.	205
Don Félix	El cielo, Lisardo, os guarde.	
Lisardo	¿Tan de mañana vestido?	
Don Félix	Un cuidado, que me trae desvelado, no permite que sosiegue ni descanse.	210
	Pero vós, que os admiráis de que a esta hora me levante, ¿no me dijistes anoche, que a dar unos memoriales habíais de ir a Aranjuez?	215
	¿Pues cómo a Ocaña os tornastis desde el camino?	
Lisardo	Si bien me acuerdo, regla es del arte, que la pregunta y respuesta siempre un mismo caso guarden;	220
	y puesto que a mi pregunta fue la respuesta más fácil un cuidado de la vuestra, otro cuidado me saque,	

	que es el que a Ocaña me ha vuelto.	225

Don Félix
¿Apenas ayer llegastes,
y hoy tenéis cuidado?

Lisardo
                                          Sí.

Don Félix
Pues por obligaros antes
que me obliguéis a decirle:
este es el mío, escuchadme.   230

Calabazas
En tanto que ellos se pegan
dos grandísimos romances,
¿tendréis, Herrera, algo que
se atreva a desayunarse?

Escudero
Vamos hacia mi aposento,   235
Calabazas, que al instante
que entréis vós en él,
no faltará algo fiambre.

(Vanse los dos.)

Don Félix
Bien os acordáis de aquellas   240
felicísimas edades
nuestras, cuando los dos fuimos
en Salamanca estudiantes.
Bien os acordáis también
del libre, el glorioso ultraje
con que de Venus y Amor   245
traté las vanas deidades
de su hermosura y sus flechas,
tan a su pesar triunfante,
que de rayos y de plumas

coroné mis libertades. 250
¡Oh, nunca hubiera, Lisardo,
luchado tan desiguales
fuerzas, porque nunca hubieran
podido los dos vengarse,
O hubiera sido su golpe, 255
puesto que a todos alcance,
por costumbre solamente,
flecha disparada al aire,
y no por venganza flecha
bañada en venenos tales, 260
que salió del arco pluma,
corrió por el viento ave,
llegó rayo al corazón,
donde se alimenta áspid!
La primer vez que sentí 265
este golpe penetrante,
que sabe herir sin matar,
y aun esto es lo más que sabe,
en la juventud del año
una tarde fue agradable 270
del abril, pero mal dije,
al alba fue. No os espante
ser por la tarde y al alba,
que con prestados celajes,
si bien me acuerdo, aquel día 275
amaneció por la tarde.
Este, pues, como otros muchos,
por divertirme y holgarme,
salí a caza, y empeñado,
llegué de un lance a otro lance 280
al sitio de Aranjuez,
que como poco distante
está de Ocaña, él es siempre

nuestro prado y nuestro parque.
Quise entrar a sus jardines,   285
sin saber qué me llevase
a ver lo que tantas veces
había visto; que esto es fácil,
todo el tiempo que no asisten
al sitio sus Majestades.   290
En el de la Isla entré:
ioh, cómo, Lisardo, sabe
la desdicha prevenirse,
el daño facilitarse!
Pues como la mariposa,   295
que halagüeñamente hace
tornos a su muerte, cuando
sobre la llama flamante
las alas de vidro mueve,
las hojas de carmín bate.   300
Así el infeliz, llevado
de su desdicha al examen,
ronda el peligro, sin ver
quién al peligro le trae.
Estaba en la primer fuente,   305
que es un peñasco agradable,
donde temiendo el diluvio
de sus cruzados cristales,
parece que van viniendo
a él todos los animales,   310
una mujer recostada
en la siempre verde margen
de murta, que la guarnece,
como cenefa o engaste
de esmeralda, cuyo anillo   315
es toda el agua diamante,
tan divertida en mirar

su hermosura en el estanque
estaba, que puso en duda,
sobre ser mujer, o imagen, 320
porque como ninfas bellas
de plata bruñida hacen
guarda a la fuente, tan vivas,
que hay quien espere que anden,
y ella miraba tan muerta, 325
que no pudo esperar nadie,
que se pudiese mover.
La naturaleza al arte,
me pareció que decía,
«No blasones, no te alabes 330
de que lo muerto desmiente
con más fuerza en esta parte,
que yo desmiento lo vivo,
pues en lo contrario iguales,
sé hacer una estatua yo, 335
si hacer tú una mujer sabes,
o mira un alma sin vida,
donde está con vida un jaspe».
Al ruido que en las hojas
hice, ¡ay de mí!, por llegarme 340
a mirarla de más cerca
del éxtasis agradable,
no fuese de amor, volvió
con algún susto a mirarme.
No me acuerdo, si la dije, 345
que ufana no contemplase
tanta beldad, por el riesgo
de ser de sí misma amante;
que donde hubo ninfa y fuente,
no fue posible escaparme 350
del conceto de Narciso.

Ella, honestamente grave,
sin responderme, volvió
la espalda, y siguió el alcance
de una tropa de mujeres   355
que andaba más adelante,
midiendo de los jardines,
ya los cuadros, ya las calles,
hasta que su pie llegó
a hacer a todos iguales,   360
porque el pequeño contacto
flores produjo fragrantes
tantas la arena, que ya
no pudo determinarse,
si eran calles, o eran cuadros   365
el jardín por todas partes,
pues fueron rosas después
las que eran veredas antes.
El traje que se vestía,
era un bien mezclado traje,   370
ni bien de corte, ni bien
de aldea, sino a mitades,
de señora en el aliño,
de aldeana en el donaire.
En un airoso sombrero   375
llevaba un rizo plumaje,
a quien tuvieron acción
la tierra después y el aire,
por el matiz o la pluma,
sobre si era flor o ave.   380
Seguila hasta que llegó
a la cuadrilla, que errante
coro tejido de ninfas
a los templados compases
de hojas, pájaros y fuentes   385

sonoramente suaves.
Cada paso era un festín,
cada descuido era un baile,
a todas las conocía
en fin, como a naturales   390
de Ocaña, y solo ignoré
quién era de mis pesares
la ocasión, que ya lo era:
porque desde el mismo istante
que la vi, sentí en el alma   395
todo lo que hoy siento: nadie
diga, que quiso dos veces,
que aunque aquí mire, allí hable,
aquí festeje, allí escriba,
aquí pierda, y allí alcance,   400
no ha de querer más que una,
que no pueden ser iguales
en el mundo dos efetos,
si de una causa no nacen.
De algunas de las que iban   405
con ella pude informarme
de quién era, y hallé en ella
más calidad por su sangre,
que por su beldad. La causa
de no haberla visto antes,   410
fue por haberse criado
en la corte con su padre,
hasta que a Ocaña se vino,
porque viva donde mate.
No os digo que la serví   415
feliz, y dichoso amante,
porque dichas que se pierden
son las desdichas más grandes.
Solo digo que obligada

a mis finezas constantes,   420
a mis servicios corteses,
y a mis afectos leales,
merecí que alguna noche
por una reja me hablase
de un jardín, donde testigos   425
fueron de venturas tales,
la noche y jardín, que solos
a los dos quise fiarme;
porque al jardín y a la noche,
que son el vistoso alarde,   430
ya de flores, ya de estrellas,
hiciera mal de negarles
a las unas lo que influyen,
y a las otras lo que saben;
puesto que estrellas y flores   435
siempre en amorosas paces
enlazadas unas de otras,
eran terceras de amantes.
Desta suerte, pues, teniendo
la fortuna de mi parte   440
viento en popa del amor,
corrí los inciertos mares,
hasta que el viento mudado
levantaron huracanes
de una tormenta de celos,   445
montes de dificultades.
Tormenta de celos dije,
ved si alguna vez amastis,
¿qué esperanzas hay del piloto?
¿qué seguro de la nave?   450
Bien creeréis, Lisardo, bien,
cuando así escuchéis quejarme
de los celos, que soy yo

quien los tiene, no os engañe
el afecto de sentirlos   455
desta suerte, porque antes
soy quien los he dado, y ellos
son en sus efetos tales,
que me matan dados, como
tenidos pueden matarme.   460
¡Oh! ¿A qué nacen los que a ser
dados ni tenidos nacen?
Hay una dama en Ocaña,
a quien yo rendido amante
festejé un tiempo; esta, pues,   465
por darme muerte, y vengarse,
se ha declarado con ella,
fingiendo finezas grandes
que a mi amor debe: ¡Ay Lisardo,
qué prontamente, qué fácil   470
en los celos las mentiras,
sientan plaza de verdades!
Con esto se han retirado,
tal, que aun para disculparme
no permite que la vea,   475
no me deja que la hable.
Mirad, pues, si este cuidado
consentirá que descanse,
cercado de tantas penas,
cargado de tantos males,   480
muerto de tantos disgustos,
lleno de tantos pesares;
y finalmente teniendo
sin culpa ofendido un ángel,
pues el padecer sin culpa   485
es la desdicha más grande.

Lisardo	Don Félix, aunque los celos	
	de quien así os quejáis, basten	
	a dar pesadumbre dados,	
	en no ser tenidos traen	490
	anticipado el consuelo;	
	que el dolor es tan distante,	
	desde darlos a tenerlos,	
	cuanto hay de ser un amante	
	la persona que padece,	495
	o la persona que hace.	
	Con lástima empecé a oíros	
	cuando los celos nombrastis,	
	mas cuando dijistis que era	
	engaños, y no verdades,	500
	la lástima se hizo envidia,	
	porque no hay gusto tan grande,	
	cuando hay desengaños, como	
	hacer damas y galanes,	
	o paces para reñir,	505
	o reñir para hacer paces.	
	Id a ver a vuestra dama,	
	que yo sé, aunque más se guarde,	
	pues ella tiene los celos,	
	que ella está en aqueste instante	510
	más que vós desengañada,	
	deseando desengañarse.	

(Salen Marcela y Silvia, abriendo una puerta que estará tapada con una antepuerta, y deténiense detrás della.)

Marcela [Aparte a Silvia.]

	Por esta puerta, que al cuarto	
	de mi hermano, Silvia sale,	
	desde el mío a verle vengo,	515

porque aunque él esté ignorante
de que he salido hoy de casa,
con esto he de asegurarle.

Silvia   Detente, que está con él
el tal huésped, y ya sabes   520
que no quiere mi señor
que llegue a verte, ni hablarte.

Marcela   Y aun esa fue mi desdicha,
oigamos desde esta parte.

Lisardo   Y si en tanto que este gusto   525
llega, queréis que yo trate
de divertiros, pues fue
concierto que os escuchase
un cuidado, y [que os] dijese
el mío, oídme, escuchadme.   530

Marcela   Oye.

Lisardo   Después que troqué
el hábito de estudiante
al del soldado, la pluma
a la espada, la suave
tranquila paz de Minerva   535
al sangriento horror de Marte,
la Escuela de Salamanca
a la Campaña de Flandes,
y después, en fin, que hube,
sin valedor que me ampare,   540
merecido una jineta,
premio a mi servicio grande,
por haberme reformado

entre otros capitanes,
ya la campaña acabada,   545
que no me viniera antes,
pedí licencia, y partí
a España, por ver si honrarme
merezco el pecho con una
de las cruces militares,   550
que sobre el oro del alma
son el más noble realce.
Con esta pretensión vine,
y su Majestad, que guarde
el cielo para que sea   555
Fénix de nuestras edades,
remitió mi memorial,
a tiempo que a desahogarse
de molestias cortesanas,
vino a Aranjuez, admirable   560
dosel de la primavera.
Mas ¿qué mucho que se alabe
de serlo, si la más bella,
la más pura, más fragante
flor, la flor de lis, la reina   565
de las flores, tras si trae
cuantas a envidia del Sol,
rayos brillan, luz esparcen?
Seguí la corte, traído
más de mi afecto constante,   570
que de mi necesidad,
porque de ministros tales
hoy el Rey se sirve, que
no es al mérito importante
la asistencia, porque todos   575
acudir a todo saben.
Gracias al cielo de aquel,

con quien el peso reparte
de tanta máquina, bien
como Alcides con Atlante.   580
Llegué en efeto a Aranjuez,
donde vós me visitastis
en una posada, y viendo
tan incómodo hospedaje,
como tienen en los bosques   585
escuderos y pleiteantes,
que me viniese con vós
a Ocaña me aconsejastis,
pues los días de la audiencia,
dos leguas era tan fácil   590
andarlas por la mañana,
y volverlas a la tarde.
Yo por vuestro gusto, más
que por mis comodidades,
obedecí. Todo esto,   595
ya vuestra amistad lo sabe,
pero importa haberlo dicho,
para que de aquí se enlace
la más extraña novela
de amor que escribió Cervantes.   600

Marcela [Aparte.]   (Aquí entro yo agora.)

Lisardo   Un día,
que madrugué vigilante,
por llegar antes que el Sol
nuestro horizonte rayase,
junto a un convento, que está   605
de Ocaña poco distante,
entre unos álamos verdes
vi una mujer de buen aire.

29

Saludela cortésmente,
y ella, antes que yo pasase,   610
por mi nombre me llamó.
Volví en oyendo nombrarme,
y diciendo a Calabazas
que con el rocín me aguarde,
llegué diciendo: «Dichoso   615
el forastero a quien saben
su nombre las damas»; y ella,
con más cuidado en taparse,
me respondió a media voz:
«Caballero desas partes   620
no es forastero en ninguna»;
y añadió favores tales,
que me obliga la vergüenza,
por mí mismo, a que los calle;
porque no sé cómo hay hombres   625
tan vanos, tan arrogantes,
que de que ha habido mujeres
que los buscaron se alaben.

Silvia [Aparte.]   (Él cuenta nuestro suceso.)

Marcela   ¡Oh quien pudiera estorbarle,   630
                     antes que en Félix las señas
                     alguna malicia causen!

Don Félix   Proseguid.

Lisardo   Ella, en efeto,
                     siempre embozado el semblante,
                     me despidió con decirme,   635
                     que como no examinase
                     quién era, ni la siguiese,

otro día estaría a hablarme.
Seis veces, pues, corrió el Sol
las cortinas orientales,   640
sumiller el alba, y seis
tapada halló entre unos sauces
esta mujer. Yo, enfadado
de recato semejante,
determiné de seguirla   645
hoy cuando a Ocaña tornase;
pero no pude, porque
volviendo ella por instantes,
me vio y no quiso pasar
de la vuelta desta calle.   650

Silvia   ¿De esta calle?

Lisardo   Y a la cuenta
vive hacia aquí, que al instante
la perdí de vista. Aquí
me dijo que la dejase
otra vez, porque su vida   655
aventuraba mi examen.

Don Félix   ¡Extraña mujer!

Marcela [Aparte.]   (Ya es fuerza
que las señas me declaren.)

(Sale Celia con manto.)

Don Félix   Proseguid.

Lisardo   Yo pues...

Celia	Don Félix,
	¿podrá una mujer aparte 660
	hablaros?

Don Félix	¿Pues por qué no?

Marcela [Aparte.]	(¡Oh, a qué buen tiempo llegaste,
	mujer o ángel para mí!)

Don Félix	Luego irá el cuento adelante,
	permitid ahora, por Dios, 665
	que con esta mujer hable,
	que es criada de la dama
	que os dije.

Lisardo	Pues que me maten,
	si ello no es lo que yo he dicho.
	Ved el recado que os trae, 670
	y adiós, porque para estotro
	no importa que tiempo falte.

(Vase.)

Don Félix	¿Era hora, Celia, de vernos?

Celia	No te admires, no te espantes,
	que no me atreva a venir 675
	a verte, porque si sabe
	mi señora que te he visto,
	no habrá duda que me mate.

Don Félix	¿Tan cruel conmigo está?

Celia	Viniendo yo hacia esta parte 680

a un recado, no he querido
dejar de verte, ni hablarte.

Don Félix   ¿Y qué hace tu hermoso dueño?

Celia   Sentir, es lo más que hace,
                tu ingratitud.

Don Félix   ¡Plegue a Dios   685
                si la ofendí, que él me falte!

Celia   ¿Por qué a ella no se lo dices?

Don Félix   Porque no quiere escucharme.

Celia   Si tú hubieras de callar,
                yo me atreviera a llevarte   690
                donde la hablaras.

Don Félix   ¡Ay Celia,
                no habrá mármol que así calle!

Celia   Pues vente agora conmigo;
                yo haré una seña si sale
                mi señor, y dejaré   695
                la puerta abierta; tú entrarte
                hasta su cuarto podrás.

Don Félix   Dasme nuevo aliento, dasme
                nueva vida.

Celia   Aquesta es
                la hora mejor, mas no aguardes,   700
                vente tras mí.

Don Félix	Tras ti voy.
Celia [Aparte.]	(¡Ay bobillos, y que fácil a la casa de su dama, es de llevar un amante!)

(Vanse los dos.)

Marcela	¡Yo salí de lindo susto!	705
Silvia	Pues ¿cómo afirmas que sales, si luego han de verse, luego proseguirá el cuento?	
Marcela	Antes lo habré remediado.	
Silvia	¿Cómo?	
Marcela	Escribiéndole que calle, hasta que se vea conmigo, y esto ha de ser esta tarde.	710
Silvia	¿Declarada por quién eres?	
Marcela	¡Jesús, el cielo me guarde!	
Silvia	Pues ¿qué has de hacer?	
Marcela	¿No es mi hermano de Laura, mi amiga, amante? ¿No sabe lo que es amor? Pues hoy he de declararme	715

34

con ella, y hoy has de ver,
Silvia, el más extraño lance   720
de amor, porque yo fingida...,
pero no quiero contarle,
que no tendrá después gusto
el paso contado antes.

(Vanse.)

(Salen Laura dama y Fabio viejo.)

Fabio   Notable es la tristeza   725
                   que el rosicler, tumba de tu belleza.
                   ¿Qué tienes estos días,
                   que entregada, ¡ay de mí!, a melancolías
                   tales, a todas horas
                   triste suspiras y rendida lloras?   730

Laura   Si yo, señor, supiera
[Aparte.]   la causa de mi mal, (A Dios pluguiera
                   no la supiera tanto),
                   el consuelo mayor, menor el llanto
                   fuera, pues fuera entonces el sabella   735
                   el primero aforismo de vencella;
                   pero la pena mía,
                   es, señor, natural melancolía,
                   y así el efeto hace,
                   sin que llegue a saber de lo que nace; 740
                   que esta distancia dio naturaleza
                   en la melancolía y la tristeza.

Fabio   No sé lo que te diga,
                   sino que a tanto tu dolor obliga,
                   que riguroso y fuerte   745

padeces tú el dolor, y yo la muerte,
pues ya vivir no espero
mientras tan triste a ti te considero.

(Vase.)

Laura   ¿Qué haré yo, que rendida,
a pesar de mi vida,   750
vivo? ¿Qué es esto, cielos?
Más bien se deja ver, que estos son celos,
porque una ardiente rabia
el sentimiento agravia,
una rabiosa ira   755
que la razón admira,
un compuesto veneno
de que el pecho está lleno,
una templada furia
que el corazón injuria;   760
¿qué áspid, qué monstruo, qué animal, qué fiera
fuera, ¡ay Dios!, que no fuera
compuesta de tan varios desconsuelos
la hidra de los celos?
Pues ellos solos son a quien los mira,   765
furia, rabia, veneno, injuria, y ira,
¡Oh, quien antes supiera
aquella feliz voluntad primera
tuya, que no empeñara
tanto la mía, que hasta el fin llegara!   770
Pues aunque no sabía
de amor cuando tan libre, ¡ay Dios!, vivía,
tampoco no ignoraba
que tarde o nunca el que lo fue se acaba;
quiere a Nise en buen hora,   775
pero déjame a mí morir.

(Sale Celia arrugando el manto.)

Celia   ¿Señora?

Laura   ¿Qué hay Celia?

Celia   Que ya he hecho
mi papel y sospecho
que no muy mal, ¡así tu beldad viva!
Entré en su casa, díjele que iba   780
a un recado, y que acaso
pasando por su calle, aunque de paso
le quise ver. Con un suspiro entonces,
que ablandara los mármoles y bronces,
me preguntó por ti turbado y ciego.   785
Encarecile luego
tu enojo, y que si a caso tú supieras
que le había ido a ver, muerte me dieras,
y como que salía
de mí, le dije, ¿por qué no venía   790
por instantes a darte
satisfacciones y desenojarte?
Dijo que porque estabas
tal, que no le escuchabas,
díjele que viniera,   795
que yo, aunque a tanto riesgo me pusiera,
hasta tu mismo cuarto le entraría,
con tal que no dijese en ningún día,
que yo le había traído.
Juró el secreto, y muy agradecido   800
el caso se concierta,
y está esperando enfrente de la puerta
la seña, voyla a hacer, pues no está en casa

mi señor. Esto es todo lo que pasa.

(Vase.)

Laura   Llámale, pues, que aunque de Nise creo   805
los celos que me da, tanto deseo
ver cómo se disculpa,
que quiero hacerle espaldas a la culpa,
pues la que más celosa
se muestra, más colérica y furiosa,   810
más entonces desea
satisfacciones, aunque no las crea,
que es dolor el de los celos tan extraño,
que se deja curar aun del engaño,
pues cuando el desengaño no consiga,   815
conseguiré a lo menos que él lo diga,

(Salen Celia y Don Félix.)

Celia [Aparte a Don Félix.]
Fuera está de casa Fabio,
mi señor, el tiempo es este
mejor para entrar a hablarla.

Don Félix   Vida y ventura me ofrece.   820

Celia   Disimula que llamado
de mí a entrar aquí te atreves,
Señor don Félix, ¿qué es esto?
¿Cómo os entráis...?

Don Félix   Celia, tente.

Celia   ¿Hasta aquí?

Don Félix	Celia, por Dios, 825 que calles.
Laura	¿Qué ruido es ese?
Celia	¿Qué ha de ser? Que hasta esta sala se ha entrado el señor don Félix, sin mirar, sin advertir, que si acaso ahora viniese 830 mi señor, tú...
Laura	Caballero, ¿pues qué atrevimiento es este? ¿cómo en mi casa, en mi cuarto os entráis de aquesa suerte?
Don Félix	Como a quien morir desea 835 nada mira, nada teme, y si mi muerte ha de ser venganza de tus desdenes, quiero morir a tus ojos por hacer feliz mi muerte. 840
Laura [A Celia.]	Tú tienes la culpa desto.
Celia	¿Yo señora?
Laura	Si tuvieses cerrada esa puerta tú...
Celia	Cerrada estaba.
Don Félix	No tienes

que reñir a Celia, que ella   845
de mi error, ¿qué culpa adquiere?
Yo solo tengo la culpa;
ríñeme a mí solamente;
castígame solo a mí,
sino es ya que a reñir llegues   850
a Celia, por la costumbre
con que la inocencia ofendes.

Laura   Dices bien; error es mío
de que me he dejado siempre
llevar, pues no habiendo tú   855
escrito a Nise papeles,
no habiendo entrado en su casa,
y no habiendo ella ido a verte
a la tuya, yo cruel,
colérica e impaciente,   860
inocente te persigo,
que eres tú muy inocente,
y siendo así, que yo soy
tan injusta, tan aleve,
tan desigual, tan mudable,   865
¿qué me buscas?, ¿qué me quieres?

Don Félix   Solo quiero persuadirte
al engaño que padeces
de tus celos.

Laura   ¿Quién te ha dicho
que yo tengo celos, Félix?   870

Don Félix   Tú misma te contradices.

Laura   ¿De qué suerte?

Don Félix	Desta suerte;

Don Félix   Desta suerte;
o tienes celos, o no:
si dices que no los tienes,
¿para qué finges enojos,   875
Laura, de lo que no sientes?,
si los tienes, ¿por qué, Laura,
desengañarte no quieres,
pues ninguno al desengaño
celoso la espalda vuelve?,   880
luego para disculparme,
o para satisfacerte,
si los tienes has de oírme,
o hablarme si no los tienes.

Laura   Si fuera argumento tal,   885
que negarse no pudiese,
quien está enojada, está
celosa, muy sutilmente
argüirás; mas si no
se sigue precisamente,   890
pues puedo estar enojada,
sin que a estar celosa llegue,
ni yo tengo que escucharte
ni tú que decirme tienes.

Don Félix   Pues, ¡vive Dios!, que has de oírme   895
antes que de aquí me ausente,
celosa o quejosa.

Laura   ¿Iraste
si te oigo?

Don Félix   Sí.

Laura	Pues di, y vete.
Don Félix	Negarte que yo he querido, Laura, a Nise.
Laura	Oye, detente, 900 ¿y es estilo de obligarme, modo de satisfacerme, decirme, cuando esperaba mil rendimientos corteses, mil finezas amorosas, 905 fuesen verdad o no fuesen, que hay duelo de amor adonde queda bien puesto el que miente, decirme en mi misma cara, que a Nise has querido? Advierte 910 que aun con lo mismo que piensas que desenojas, ofendes.
Don Félix	Si no me oyes hasta el fin...
Laura	¿Desto disculparte puedes?
Don Félix	Sí.
Laura (Aparte.)	¡Plegue a amor!
Don Félix	Oye pues. 915
Laura	¿Iraste?
Don Félix	Sí.

Laura	Pues di, y vete.
Don Félix	Negarte que yo he querido,
	Laura, a Nise, fuera error:
	mas pensar tú que este amor
	es como el que te he tenido, 920
	mayor error, Laura, ha sido;
	pues si a Nise un tiempo amé,
	no fue amor, ensayo fue
	de amar tu luz singular,
	que para saber amar 925
	a Laura, en Nise estudié.
Laura	A ciencias de voluntad
	las hace el estudio agravio;
	porque amor para ser sabio
	no va a la universidad, 930
	porque es de tal calidad,
	que tiene sus libros llenos
	de errores propios y ajenos,
	y así en su ciencia verás,
	que los que la cursan más, 935
	son los que la saben menos.
Don Félix	Pues explíqueme mejor
	otro ejemplo: nace ciego
	un hombre, y discurre luego
	cómo será el resplandor 940
	del Sol, planeta mayor
	que rumbos de zafir gira;
	y cuando por fe le admira,
	cobra en una noche bella
	la vista; y es una estrella 945
	la primer cosa que mira.

Admirando el tornasol
de la estrella, dice: «Sí,
este es el Sol, que yo así
tengo imaginado al Sol»;   950
pero cuando su arrebol
tanta admiración le ofrece,
sale el Sol y le escurece.
Pregunto yo: ¿ofenderá
una estrella que se va   955
a todo un Sol que amanece?
Yo así, que ciego vivía
de amor, cuando no te amaba,
como ciego imaginaba
cómo aquel amor sería.   960
Adoraba lo que vía,
presumiendo que era así
el amor; mas, ¡ay de mí!,
que no vi al Sol, vi una estrella,
y entretúveme con ella   965
hasta que el Sol mismo vi.

Laura   Eso no, pues si me doy
                 por entendida contigo,
                 que Nise fue mi Sol digo,
                 y que yo su estrella soy.   970
                 Pruébolo; pues si yo estoy
                 contigo la noche fría,
                 y ella de día te envía
                 a llamar, y estás con ella.
                 ¿Quién será el Sol o la estrella?   975
                 ¿Cúya es la noche o el día?

Don Félix   ¡Vive Dios, Laura, que son
                 engaños tuyos, y plegue

al cielo, que si la he visto,
que un rayo me dé la muerte,			980
desde que a Ocaña veniste!
¿Qué más desengaños quieres
de lo que cuenta de mí,
que escuchar que ella lo cuente;
pues es el mayor desaire			985
del duelo de las mujeres,
confesar sus celos donde
lo escucha de quien los tiene?

Laura			Yo sé que han sido verdades,
			y no engaños aparentes.			990

Don Félix		¿De qué lo sabes?

Laura					De que
			es mal que a mí me sucede,
			y no puede ser mentira:
			porque de los males suele
			decirse, Félix, que fueron			995
			astrólogos excelentes,
			porque siempre adivinaron,
			y dijeron verdad siempre.

Don Félix		Por lo menos ya confiesas
			que son celos, y los sientes.			1000

Laura			Si me estás dando tormento,
			¿es mucho que los confiese?

Don Félix		Si tanto aprietan fingidos,
			ciertos, ¿qué...?

Celia	Mi señor viene:
Laura	Vete por aquesa puerta 1005 de esotro cuarto, pues tiene puerta a la calle.
Don Félix	Di ¿cómo quedamos?
Laura	Como quisieres.
Don Félix	Yo querré desenojada.
Laura	A verme esta noche vuelve, 1010 que quiero verte esta noche aunque de Nise me acuerde.
Don Félix	¡Ah, Laura, cuánto te engañas!
Laura	¡Ay, cuánto me agravias, Félix!
Celia	¡Ay, cuánto nos sirve una 1015 casa que dos puertas tiene!

Fin de la primera jornada

Jornada segunda

Salen por una parte Marcela con manto, y el Escudero y por otra Laura y Celia.

Laura	Tú seas muy bien venida a esta tu casa.
Marcela	Y tú seas, amiga, muy bien hallada.
Laura	Con tal visita ya es fuerza que lo esté.
Marcela	Yo pienso antes, 5 que te has de hallar mal con ella; que vengo a darte un cuidado.
Laura	Yo le tengo hasta que sepa en qué te puedo servir. Llega aquesas sillas, Celia, 10 que aquí estaremos mejor que en el estrado.
Escudero	Quisiera saber a qué hora vendré.
Marcela	Al anochecer, Herrera, podrá venir.
Escudero	El sereno 15 tiene a esas horas más fuerza.

(Vase.)

Marcela	Mi amiga eres, Laura hermosa,
	a quien dio naturaleza
	noble sangre, claro ingenio;
	pues ¿de quién con más certeza	20
	me fiaré, que de quien es
	mi amiga, noble y discreta?
Laura	Con tan grandes prevenciones
	la proposición empiezas,
	que ya, más que tú decirla,	25
	deseando estoy saberla.
Marcela	¿Estamos solas?
Laura	Sí estamos,
	Celia, salte tú allá fuera.
Marcela	No importa que Celia oiga.
Laura	Prosigue, pues.
Marcela	Oye atenta.	30
	Mi hermano don Félix, Laura,
	por amistad que profesan
	él y un noble caballero
	desde sus edades tiernas
	le trujo a casa estos días,	35
	que Aranjuez, sagrada esfera
	del cuarto Felipe, cifra
	la luz del cuarto planeta.
	Este hospedaje en efeto
	fue con tan vana advertencia,	40
	que para traerle a casa,

la primer cosa que ordena
es, que retirada yo
a un cuarto pequeño dellos
les deje a los dos el mío,   45
y que tal recato tenga,
que escondida siempre dél,
ni alcance, Laura, ni entienda,
que vivo en casa; que así,
imas qué acción tan poco atenta!,   50
pensó sanear la malicia
de que Ocaña no dijera,
que traía a casa un huésped
tan mozo, teniendo en ella
una hermana por casar;   55
y fue aquesto de manera,
que retirada a este cuarto
que te he dicho, aun una puerta,
(que sale al cuarto de Félix,
porque nunca presumiera   60
que había más casa) la hizo
cubrir con una antepuerta,
por donde a aderezarle
sola Silvia sale y entra.
Dejemos, pues, a Lisardo,   65
que, sin que jamás entienda
que hay mujer en casa, vive
con este descuido en ella.
Dejemos también a Félix,
que con esto solo piensa,   70
que curó en salud el daño
de que me hable y que me vea,
y vamos a mí, que viendo
la prevención con que intenta
mi hermano ocultarme, hice   75

de la prevención ofensa;
porque no hay cosa que tanto
desespere a la más cuerda,
como la desconfianza.
¡Cuánto ignora, cuánto yerra   80
en esta parte el honor!
Que es como el que olvidar piensa
una cosa, que el cuidado
de olvidarla es quien la acuerda;
es como el que desvelado   85
se quiere dormir por fuerza,
que llamando el sueño, es
el sueño quien le despierta;
y es como el que halla en un libro
borradas algunas letras,   90
que por solo estar borradas
le da más gana de leerlas.
Este recato, en efeto,
en Félix, mi hermano, esta
curiosidad, Laura, en mí,   95
o este destino en mi estrella,
despertaron un deseo
de saber si el huésped era
como gallardo entendido,
cosa que quizá no hiciera   100
a no habérmelo vedado;
que en fin la culpa primera
de la primera mujer
esto nos dejó en herencia.
Y para poder mejor   105
hablarle, sin que supiera
quién era la que le hablaba,
fui una mañana a esas huertas
paso de Aranjuez, por donde

había de pasar por fuerza.   110
Llamele pensando, Laura,
que el hablarle no tuviera
mayor empeño que hablarle
por curiosidad o tema.
Mas, ¡ay, que es fácil la entrada,   115
cuando difícil la vuelta
del más hermoso peligro!
Dígalo el mar desde fuera,
convidando con la paz
a cuantos a verle llegan,   120
cuando jugando las ondas
unas con otras se encuentran;
pues el que más convidado
pisó su inconstante selva,
ese lloró más perdido   125
la saña de sus ofensas.
Yo así apacible juzgué
del mar de amor, pero apenas
reconocí sus halagos
cuando sentí sus violencias.   130
Pensarás que este cuidado
solo alcanza, solo llega
a hallarme hoy enamorada;
pues más mal hay que el que piensas,
porque de amor y de honor   135
estoy corriendo tormenta.
Hoy, pues, Lisardo a don Félix,
que yo detrás de la puerta
que te he dicho lo escuchaba,
de todo le daba cuenta   140
si, no importa declararme,
no lo estorbara Celia.
Poblada quedó la hoja,

y temo, que por las señas
del rostro, que ya me vio   145
Lisardo, o por la cautela
con que le hablé, o por haber
seguídome hasta tan cerca
de casa, puedan en Félix
moverse algunas sospechas;   150
y así antes que el discurso
a enlazarse, Laura, vuelva,
me importa hablar a Lisardo,
para cuyo efeto queda
Silvia ya con un papel,   155
en que le digo que venga
a verme a esta casa donde
yo he de estar...

Laura   Detente, espera;
que has usado neciamente,
Marcela, de la licencia   160
de la amistad; pues primero
que a ese Lisardo escribieras,
ni a mi casa le llamaras,
debieras mirar, debieras
advertir desde la tuya   165
los inconvenientes desta.

Marcela   Ya, Laura, los he mirado,
sin que corran por tu cuenta.

Laura   ¿De qué manera? si yo...

Marcela   Escucha de qué manera: 170
tu casa tiene dos cuartos,
y del uno cae la puerta

	a otra calle, a Silvia dije	
	que le trujese por ella,	
	de suerte que entrando, Laura,	175
	por donde saber no pueda,	
	en fin, como forastero,	
	si es casa tuya, ¿qué arriesgas?	
Laura	Arriesgo el que lo pregunte,	
	y lo que hoy no sabe, sepa	180
	mañana, y piense que yo	
	soy la tapada.	
Marcela	Que adviertas	
	te pido, que yo he de estar	
	de visita y descubierta,	
	como si fuera mi casa	185
	dentro de la tuya mesma.	
Laura	Cuando el verte a ti me libre	
	a mí con esa cautela,	
	¿cómo me podré librar	
	del peligro de que venga	190
	mi padre, y halle aquí a un hombre?	
Marcela	¿Luego ha de venir por fuerza	
	hoy, y luego han de cogernos	
	en el primer hurto? Esta	
	fineza has de hacer por mí,	195
	pues es tan digna fineza	
	de tu sangre y mi amistad,	
Laura (Aparte.)	(¡Ah, quién decirla pudiera	
	el tercer inconveniente?	
	Pues no es el de menor pena,	200

que acierte a venir don Félix,
y me halle a mí hecha tercera
de su hermana, y de su amigo.)

(Sale Silvia.)

Silvia   A Ocaña he dado mil vueltas
                         hasta hallarle.

Marcela   Silvia, ¿qué hay?   205

Silvia   Que di tu papel, y apenas
                         le leyó, cuando tras mí
                         vino, y queda ya a la puerta,
                         que me dijiste.

Marcela   Ya, Laura,
                         no hay cómo excusarte puedas.   210

Laura   De mala gana te sirvo
                         en esto.

Marcela   Quítame, Celia,
                         este manto; llama, Silvia,
                         tú a Lisardo; y tú no quieras
                         verle, que eres muy hermosa   215
                         para criada.

Laura   Ya quedas
                         hecha dueña de mi casa,
                         mira, Marcela, por ella.
(Aparte.)   (¡Oh, a qué de cosas se obliga.
                         quien tiene una amiga necia!)   220

(Salen Silvia y Lisardo, y vase Laura.)

Silvia
Esta es la casa, señor,
de aquella dama encubierta,
que ya descubierta veis.

Lisardo
¡Quién vio dicha como esta!

Marcela
Estaríades, señor   225
Lisardo, muy olvidado
de que iría mi cuidado
a buscaros.

Lisardo
Mi temor
confieso, y que la esperanza
desta ventura perdí   230
que siempre andar juntos vi
fortuna y desconfianza.

Marcela
Aunque es verdad que pudiera
hoy, por el gusto [de] hablaros,
señor Lisardo, llamaros   235
a mi casa, no lo hiciera,
a no tener que reñiros
un descuido contra mí.

Lisardo
¿Descuido contra vós?

Marcela
Sí,
de que me importa advertiros.   240

Lisardo
Si vós misma disculpáis
mi ignorancia, con que ha sido
descuido mal advertido,

ya importa que le digáis,
porque no vuelva a incurrir   245
en lo que ignorante estoy.

Marcela   ¿A quién empezastis hoy
nuestro suceso a decir,
que os estorbó una criada
la relación?

Lisardo   Ya os entiendo,   250
y aunque pueda, no pretendo
satisfaceros en nada;
porque mujer que de mí,
donde no soy conocido,
tanta noticia ha tenido;   255
mujer que se guarda así
de un hombre, de quien yo soy
amigo; mujer que tiene
criada en su casa, que viene
con las nuevas que le doy...   260
harto callando la digo,
harto con irme la muestro,
porque antes que galán vuestro,
fui de don Félix amigo.

Marcela   Habéis sin duda pensado   265
por las nuevas que yo os doy,
que dama de Félix soy;
pues estáis muy engañado,
y esto me habéis de creer:
si algo cree quien dice que ama,   270
que no solo soy su dama,
mas que no lo puedo ser.

Lisardo	Si los principios negáis,
	mal argumento tenéis.
	¿De quién mi nombre sabéis,	275
	y de mí informada estáis?
	¿De quién, pues, habéis sabido
	(decir puede en un momento)
	lo que en su mismo aposento
	a los dos ha sucedido?	280

Marcela	Para que aquí se concluya
	lo que a dudar os obliga,
	sabed que yo soy amiga
	de una hermosa dama suya.
	Esta, hablando pues conmigo,	285
	en Félix nuevas me dio
	de vós, porque en vós habló
	como de Félix amigo;
	y aunque él es tan caballero,
	en nadie un secreto cupo	290
	mejor, que en quien no le supo;
	y así suplicaros quiero
	que a don Félix no le deis
	más señas, señor, de mí,
	ni le digáis que yo os vi,	295
	ni que mi casa sabéis;
	porque me van en rigor
	a una sospecha creída,
	hoy por lo menos la vida,
	y por lo más el honor.	300

Lisardo	Bien pensáis que habrá cesado
	de mis dudas la razón,
	y antes mayor confusión
	es la que me habéis dejado;

porque si no sois...

(Sale Celia.)

Celia   Señora.   305

Marcela   ¿Qué hay, Celia?

Celia   Que mi señor
viene por el corredor.

Marcela   Esto me faltaba agora.
¿Podrá salir?

[Celia]   No, que viene
por la puerta que él entró,   310
y saber que hay otra no
es posible, ni conviene.
Hasta aquí entra ya.

Lisardo   ¿Qué haré?

Celia   Esconderos es forzoso
en esta cuadra.

Lisardo   Dudoso   315
estoy.

Marcela   Presto, que si os ve...

Lisardo   ¡Vive Dios, que estoy perdido!

(Escóndese en una puerta, y sale Laura.)

Marcela	Cercada de penas muero.
Laura	¿Ves, Marcela? En el primero
	hurto al fin nos han cogido. 320
	¡En buena ocasión me has puesto!
Marcela	¿Quién pudiera prevenir,
	que ahora hubiese de venir
	tu padre?

(Sale Fabio.)

Fabio	Celia, ¿qué [es] esto?
	Esta puerta, ¿cuándo abierta 325
	sueles por dicha tener?
Laura	Vínome Marcela a ver,
	y por estar esa puerta
	la más cerca de una casa
	adonde ella estaba, yo 330
	la hice abrir; por ella entró,
	y quedose así: esto pasa.
Fabio	Perdonad, bella Marcela,
	que como la luz del día
	ya se va a poner, no os vía. 335
Laura [Aparte.]	(¡Gran daño el alma recela!)
Celia [Aparte.]	(¡Qué confusión!)

(Vase.)

Silvia [Aparte.]	(¡Qué temor!)

Marcela	Yo, habiendo agora sabido
	la tristeza que ha tenido
	Laura, me trujo mi amor 340
	a verla, y ver si merezco
	de sus penas consolar
	la tristeza y el pesar.
Laura	Son tantas las que padezco,
	que me añade más dolor 345
	el remedio prevenido,
	y antes pienso que has venido
	a hacérmele tú mayor;
	que crece con el remedio
	este accidente.
Fabio	No sé 350
	qué te diga, ni sabré
	hallar a tus males medio:
	—Hola, traed luces aquí.

(Sale Celia con luces, pónelas en un bufete, y sale el Escudero.)

Celia	Ya aquí las luces están.
Escudero	Las ocho y media serán, 355
	habemos de irnos de aquí
	esta noche, pues que ya
	ha anochecido, señora,
	¿no es de recogernos hora?
Marcela	Pena el dejarte me da, 360
	Laura, con este cuidado,
	pero excusarle no puedo.

Laura	Yo, en fin, a pagar me quedo las culpas que no he pecado.
Marcela	¿Qué puedo hacer? ¡Ay de mí! 365 Dame licencia.
Fabio	Yo iré sirviéndoos.
Marcela	No hay para qué me tratéis, señor, así, quedad con Dios.
Laura [Aparte a Marcela.]	Mejor es dejarle ir, para que pueda 370 irse este hombre que aquí queda.
Fabio	Yo tengo de ir con vós.
Marcela	Pues me honráis tanto, replicar vuestra grande cortesía pareciera grosería. 375
Fabio	La mano me habéis de dar.
Marcela	Sois tan galán, que no puedo negaros ese favor.

(Vanse Fabio, Marcela, el Escudero y Silvia.)

Laura	¿Hay, Celia, pena mayor

que la pena con que quedo?   380
¿Quién creerá, que yo encerrado
aquí tengo un hombre que
no conozco? Y si me ve,
¿quedará desengañado
de que Marcela no ha sido   385
el dueño de aquesta casa?

Celia   Todo cuanto aquí nos pasa
               fácil enmienda ha tenido
               con irse ahora mi señor.
               Retírate tú de aquí;   390
               yo le sacaré de allí,
               sin que pueda del error
               en que está desengañarse,
               pues él sin verte se irá,
               ni a ti, ni a Marcela.

Laura   Ya   395
               solo falta efetuarse.
               La puerta abre, mas detente,
               que parece que he sentido
               en esta sala ruido.

Celia   Ya es otro el inconveniente.   400

(Sale Don Félix.)

Don Félix   Apenas la sombra escura
               tendió, Laura, el manto negro,
               capa de noche que viste
               para disfrazarse el cielo,
               cuando a tu puerta me hallaron   405
               las estrellas, que el deseo

                    tanto anticipa las horas,
                    que a verte a estas horas vengo,
                    haciendo el tiempo en tu calle,
                    porque no se pierda el tiempo.   410
                    Vi que mi hermana salía
                    de tu casa, y advirtiendo
                    que tu padre la acompaña,
                    a entrar hasta aquí me atrevo;
                    porque las paces de hoy   415
                    me tienen con tal contento,
                    que no quise dilatar
                    solo un instante, un momento
                    el verte desenojada.

Laura   Pues no haces bien, si es que advierto,   420
                    que un enojo apenas quitas,
                    cuando otro vas disponiendo.
                    ¿Tanto podía tardar
[Aparte.]   (Apenas a hablarte acierto.)
                    en recogerse mi casa,   425
                    que temerario y resuelto
                    te entras aquí, sin mirar,
                    que ha de volver al momento
                    mi padre?

Don Félix   Solo he querido,
                    que sepas, Laura, que espero   430
                    en la calle, que sea hora
                    para hablarte: porque luego
                    no digas, que de otra parte
                    vengo, cuando a verte vengo.
                    En la calle, pues, estoy.   435

Laura   Eso sí, vuélvete presto,

que en recogiéndose al punto
mi padre, hablarnos podemos
más despacio. No me tengas
con tanto susto, que creo   440
que sospechoso, ¡ay de mí!,
está ya del amor nuestro;
tanto, que a esta puerta falsa

[Aparte.]   la llave ha quitado. (Esto
digo por asegurar   445
el paso al que está acá dentro.)
Y anda todos estos días
a casa, yendo y viniendo.

Don Félix   Por quitarle este temor
me voy, en la calle espero.   450

(Dentro Fabio.)

Fabio   Hola, bajad una luz.

Laura   Él viene ya.

Celia   Dicho y hecho.

(Toma Celia una luz, y vase.)

Don Félix   Si desotra puerta dices
que quitó la llave, es cierto
que no hay por donde salir;   455
y así en aqueste aposento
me esconderé.

(Va a entrar donde está Lisardo, y ella se pone delante.)

Laura	Aguarda, espera; que no has de entrar aquí dentro.
Don Félix	¿Por qué?
Laura	Porque siempre aquí está mi padre escribiendo 460 mucha parte de la noche.
Don Félix	¡Vive Dios, que no es por eso! Porque al entreabrir la puerta he visto un bulto allá dentro.
Laura	Mira...
Don Félix	¿Aquí qué hay que mirar? 465
Laura	Advierte...
Don Félix	Ya nada temo.
Laura	Que entra ya mi padre.
Don Félix	¡Ay triste, en que gran duda estoy puesto!, si aquí hago alboroto, a Fabio de sus ofensas advierto; 470 si callo, sufro las mías.

(Sale Fabio.)

Fabio	¡Vós aquí, Félix! ¿Qué es esto?

Laura [Aparte a Don Félix.]

Mira, por Dios, lo que haces;
pues en quien es caballero,
el honor de las mujeres   475
siempre ha de ser lo primero.

Don Félix [Aparte.]   (Y es verdad, disimular
tomo por mejor acuerdo,
si celos se disimulan.)
[A Fabio.]   Buscando a mi hermana vengo,   480
que me dijeron, que aquí
estaba.

Fabio   Ya yo la dejo
en su casa, y vuelvo agora
de servirla de escudero.

Laura   Eso es lo mismo que yo   485
le estaba, señor, diciendo.

Don Félix   Dios os guarde por la honra
que a mi hermana le habéis hecho.

Fabio   Ella os espera ya en casa.

Don Félix [Aparte.] (No sé, ¡ay Dios!, lo que hacer debo. 490
Estarme aquí es necedad;
irme, si aquí un hombre dejo,
es desaire; alborotar
aquesta casa, desprecio:
pues esperarle en la calle,   495
si hay dos puertas, ¿cómo puedo
yo solo? ¡Oh, quién a Lisardo,
que es mi amigo verdadero,
consigo hubiera traído!

	Mas ya he pensado el remedio.)	500
	Quedad con Dios.	
Fabio	Él os guarde.	
Don Félix [Aparte.]	(Hoy he de ver, ¡vive el cielo!	
	si es verdad que a la fortuna	
	ayuda el atrevimiento.)	

(Don Félix se va muy aprisa, Fabio está a la puerta con él, y Celia después toma la una luz y se va, toma la otra luz Fabio.)

Fabio	Alumbra, Celia, a don Félix,	505
	Laura, éntrate tú acá dentro,	
	que tengo que hablar a solas	
	contigo.	
Laura [Aparte.]	(Otro susto, ¡cielos!,	
	mi padre ¿qué me querrá?	
	Laura ¿en qué ha de parar esto?)	510

(Vanse los dos, y sale Celia con la luz que llevó como con temor.)

Celia	Sin esperar que bajara	
	a alumbrarle, en un momento	
	se me despareció Félix.	
	Bien se deja ver su intento,	
	que es de dar presto la vuelta	515
	a la calle; mas primero	
	que él llegue, ya habrá salido	
	esotro, que en su aposento	
	está mi señor con Laura:	
[A Lisardo.]	no hay que esperar. Caballero,	520
	en gran confusión estamos	

	por vós.	
Lisardo	Ya sé lo que os debo,	
	que aunque he entendido muy poco	
	del caso, porque aquí dentro	
	llegaban muertas las voces,	525
	he entendido por lo menos	
	los empeños desta casa.	
Celia	Vamos de aquí.	
Lisardo	Vamos presto.	
Celia [Aparte.]	(Salga él una vez de casa,	
	y más que sucedan luego	530
	muertes de hombres en la calle.)	

(Mata la luz y llévale y sale Félix.)

Don Félix	En un esconce pequeño	
	que hace la escalera, antes	
	que la luz bajara, muerto	
	de celos y de desdichas,	535
	pude quedarme encubierto.	
	Poco lugar han tenido	
	de echar a este hombre, y no creo	
	que, sabiendo que en la calle	
	estoy, se atrevan a hacerlo.	540
	El fin con que me he quedado	
	a mis desdichas atento,	
	es de sacarle conmigo	
	hasta la calle, fingiendo	
	que soy criado de casa,	545
	y que sé todo el suceso.	

(A la puerta.)　　　　　Esta es la puerta, y está
　　　　　　　　　　　abierta. Ce, caballero,
　　　　　　　　　　　seguidme, seguro soy.
　　　　　　　　　　　¿No me respondéis? ¿Qué es esto?　　　550
　　　　　　　　　　　obligareisme callando,
　　　　　　　　　　　¡vive Dios!, a que entre dentro.

(Vase y sale Laura con una luz.)

Laura　　　　　　　　Nada me quería mi padre
　　　　　　　　　　　que fuese de más momento,
　　　　　　　　　　　que decirme que mañana　　　　　555
　　　　　　　　　　　ha de ir a un cercano pueblo,
　　　　　　　　　　　adonde su hacienda tiene,
　　　　　　　　　　　y yo a mis desdichas vuelvo.
　　　　　　　　　　　Celia, Celia, ¿dónde estás?
　　　　　　　　　　　Pondré que se han ido huyendo　　560
　　　　　　　　　　　todos, y que me han dejado
　　　　　　　　　　　en el peligro. Y es cierto;
　　　　　　　　　　　pues nadie parece, ¡ay triste!
　　　　　　　　　　　¿Qué he de hacer en tanto aprieto?
　　　　　　　　　　　Félix estará en la calle,　　　　565
　　　　　　　　　　　cuando estotro esté aquí dentro.
　　　　　　　　　　　Pero aunque todo lo arriesgue,
　　　　　　　　　　　esto ha de ser; que primero
　　　　　　　　　　　soy yo. Perdone Marcela
　　　　　　　　　　　esta vez. Ce, caballero,　　　　570
　　　　　　　　　　　a quien necia una mujer
　　　　　　　　　　　en tanto peligro ha puesto,
　　　　　　　　　　　no os espantéis de mirarme.

(Abre la puerta, y sale rebozado don Félix.)

Don Félix　　　　　　¿Cómo puedo, cómo puedo

| | dejar de espantarme, Laura, | 575 |
| | de mirarte? | |

Laura

                ¡Ay Dios! ¿Qué veo?

Don Félix

¿Tan mudable?

Laura

                   ¡Ay infelice!

Don Félix

¿Y tan falsa?

Laura

               ¡Ay Dios! ¿Qué es esto?

Don Félix

Esto es, Laura, esto es,
si es que yo a decirlo acierto,   580
el desengaño mayor
que a un hombre han dado los celos.
Pero miento, que no son
celos, sino agravios estos.

(Paséase, y ella tras él.)

Laura

¡Yo estoy muerta!, Félix mío,   585
mi bien, mi señor, mi dueño.

Don Félix

Mi mal, mi muerte, mi ofensa,
¿qué me quieres?

Laura

               Que te quiero,
te quiero, no más.

Don Félix

              Y yo,
pues tú lo dices, lo creo;   590
porque no habiendo tenido

un hombre en este aposento,
no habiendo dicho que estaba
cerrado el paso por esto,
no habiendo venido tú   595
a hablarme por él, no habiendo
visto yo, ¡qué he de haber visto!
Nada digo, nada entiendo.
¡Mal haya yo, porque antes
estuve a tu honor atento,   600
y no... adiós Laura, adiós Laura,

Laura   Detente, porque primero
                 que te vayas has de oírme.

Don Félix   ¿Puede ser mentira esto?

Laura   Sí, bien puede ser mentira.   605

Don Félix   ¿Mentira lo que estoy viendo?

Laura   ¿Qué viste?

Don Félix   El bulto de un hombre
                 que estaba en este aposento.

Laura   Algún criado sería.

(Sale Celia muy contenta.)

Celia   Señora, ya por lo menos   610
                 nada sucederá en casa,
                 que ya en la calle los dejo.

(Vele, y túrbase.)

Don Félix	Mira si era algún criado.
Celia	¿Pues esto agora tenemos?
	¿cómo aquí...? No puedo hablar. 615
Laura	¿Ves, Félix, con cuanto aprieto
	se eslabonan mis desdichas?,
	pues culpa ninguna tengo.
Don Félix	¿Pues yo la culpa tendré?
Laura	Tanto te estimo y te quiero, 620
	que aún no quiero yo decirlo,
	porque te está mal saberlo.
Don Félix	¡Qué antiguo sagrado es ese
	de un culpado, en no teniendo
	que responder! Esto, en fin, 625
	se acabó, Laura, esto es hecho,
	adiós, adiós.
Laura	Mira...
Don Félix	Suelta...
Laura	No has de irte así.
Don Félix	¡Vive el cielo,
	que dé voces, que despierten
	a tu padre, al mundo entero, 630
	diciendo quién eres!
Laura	¡Félix!

Don Félix	Harás que pierda el respeto
	a tu hermosura, porque
	nadie le tuvo con celos.

(Vase.)

| Laura | Tenle Celia. |

| Celia | ¿Yo tenerle? | 635 |

Laura	Pues aunque vayas huyendo,
	yo te buscaré. ¡Ay Marcela,
	en qué de dudas me has puesto!

(Vanse.)

(Salen Lisardo y Calabazas.)

| Calabazas | Señor, ¿qué es lo que tienes? |
| | ¿De dónde, o cómo a tales horas vienes? | 640 |

| Lisardo | Ni sé de dónde vengo, |
| | Calabazas, ni sé lo que me tengo. |

Calabazas	Después de haberte ido
	sin mí (cosa que nunca ha sucedido,
	ni héchose con lacayo	645
	de bien) vuelves a casa como un rayo,
	casi al amanecer, descolorido,
	colérico, furioso, acontecido,
	airado.

| Lisardo | No me mates, |

	ni empieces a decirme disparates,	650
	sino pon las maletas, porque luego	
	me tengo de ir, y en tanto que a esto llego,	
	a estotra cuadra pasa,	
	mira si hablar a Félix puedo.	

Calabazas   En casa
él no está, que aunque ya ha amanecido,   655
creo que no ha venido
a acostarse hasta agora.

Lisardo   ¡Feliz él habrá estado, ¿quién lo ignora?,
celebrando las paces con su dama,
que es la felicidad de quien bien ama!   660
¡Y yo, infeliz, a quien han sucedido
tantas cosas...!

Calabazas   ¿Qué han sido?

Lisardo   Oye, porque me dejes,
con condición que luego no aconsejes.
Llamome por un papel   665
aquella dama tapada,
a que en su casa la viese.
A verla fui, y la criada
por un jardín me guió
hasta que llegué a una sala   670
de estrado, donde la misma
que vi en las huertas, estaba
tan bella como entendida:
esto que te digo basta.
Muy a los primeros lances   675
me dio a entender enojada,
no sé bien qué quejas, cuando

su padre a la puerta llama.
Métenme en un aposento,
donde después de pasadas   680
algunas conversaciones,
de quien poco entendí, o nada,
porque como retirado
estaba a puerta cerrada;
llegaban a mí confusas   685
las voces sin las palabras,
la puerta un hombre entreabrió;
la capa tercié y la espada
empuñé, y al mismo instante
me volvieron a cerrarla   690
por defuera, sin poder
ver el talle ni la cara
del hombre. De allí a otro rato,
triste, confusa y turbada,
otra moza me sacó   695
hasta la calle con varias
prevenciones de que Félix
no supiese desto nada.
Yo, pues, cercado de dudas,
y de sospechas contrarias,   700
estoy sin saber qué hacerme
en confusión tan extraña;
porque si a Félix le callo
el lance, ya acreditada
la sospecha de que ha sido   705
dama suya, será ingrata
correspondencia que él tenga
a su enemigo en su casa;
si se lo digo, y no es
su dama, sino otra dama   710
que de mí se fía, el decirlo

es de mi nobleza infamia.
Y así entre hablar y callar,
la opinión más acertada
es, pues dos daños me embisten,   715
volver a los dos la espalda.
Así con esto a don Félix
no ofende lo que se calla,
ni lo que se dice ofende
a la mujer. Luego trata   720
de poner toda la ropa,
que antes que amanezca el alba,
con ocasión de que ya
hecha mi consulta baja,
de Ocaña me tengo de ir,   725
aunque me deje en Ocaña
en un ingenio la vida,
y en una hermosura el alma.

Calabazas   ¡Honrada resolución!

Lisardo   Porque apruebas y no cansas,   730
                   toma aquel vestido que hice
                   de camino, Calabazas.

Calabazas   Tus manos, señor, te beso
                   de resultas de las plantas,
                   no tanto por el vestido,   735
                   aunque es dádiva extremada,
                   como por dármele hecho,
                   y en tanto que se levanta
                   quien la ropa me ha de dar,
                   escúcheme en dos palabras   740
                   lo que hecho un vestido ahorra.

(Hace las dos voces.) —Señor Maestro, ¿cuántas varas
de paño son menester
para mí? —Siete y tres cuartas.
—Con seis y media le hace   745
Quiñones. —Mas que le haga,
mas si él saliere cumplido,
yo me pelaré las barbas.
—¿Qué tafetán? —Ocho. —Siete
han de ser. —No quite nada   750
de siete y media. —¿Ruán?
—Cuatro. —No. —Si un dedo falta,
no puede salir. —Dos onzas
de seda, treinta de lana.
—¿Bocací a los bebederos?,   755
—Media vara. —¿Angeo? —Otra tanta.
—¿Botones? —Treinta docenas.
—¿Treinta? —¿Habrán más de contarlas?
Cintas, faltriqueras, hilo;
vamos con todo esto a casa.   760
Junte vuesarced los pies,
ponga derecha la cara,
extienda el brazo. —Seor maestro,
¿son matachines? —¡Qué gracia
hará el calzón! —Oye ucé,   765
la ropilla ancha de espaldas,
derribadilla de hombros,
y redondita de falda.
—Frisa para las faldillas
haber sacado nos falta.   770
—Póngala ucé. —Que me place.
—¡Ah! sí, esto se me olvidaba,
entretelas. —Deste viejo
herreruelo me las haga.
—Voy a cortarlo al momento.   775

—¿Cuándo vendrá esto? —Mañana
a las nueve. —La una es:
¡oh cuánto este sastre tarda!
—Señor maestro, todo el día
me ha tenido ucé en casa.   780
—No he podido más, que he estado
acabando unas enaguas,
que, como mil paños llevan,
no fue posible acaballas.

(Otra voz.)   —¡Ah! caballero, muy seca   785
está esta obra. —Remojarla.
—Angosto vino el calzón.
—De paño es, no importa nada,
que luego dará de sí.
—Esta ropilla está ancha.   790
—No importa nada de paño
que ella embeberá, así basta
que los paños dan y embeben,
como el sastre se lo manda.
—Este herreruelo está corto.   795
—Más de media liga tapa,
y ahora no se usan largos.
—¿Qué se debe? —Poco, o nada:
veinte del calzón, y veinte
de la ropilla y sus mangas,   800
diez del herreruelo, treinta
de los ojales, y tantas
impertinencias, que en fin,
que me venga, o que me vaya,
quien me da un vestido hecho,   805
me da la mejor alhaja.
A componer voy las tuyas:
aquí gloria y después gracia.

(Vase.)

Lisardo   ¡Qué locuras! ¡Quién tuviera
                 tu alegría, y no llegara   810
                 hoy a sentir los extremos
                 de tantas penas, de tantas
                 confusiones y sospechas!
                 ¡Válgate Dios por tapada,
                 toda misterios y toda   815
                 prevenciones, sin que haya
                 nunca visto la verdad!

(Vuelve Calabazas.)

Calabazas   Ya la dije a una criada,
                 que me sacase la ropa;
                 porque hoy nos vamos a Irlanda.   820

Lisardo   En efeto, me destierran
                 antes de tiempo de Ocaña
                 tramoyas de una mujer.

(Sale Marcela con manto, y Silvia sin él.)

Silvia   Mira a qué te atreves.

Marcela   Nada
                 me digas, porque no estoy   825
                 para escucharte palabra.
                 ¿Que hoy se va no dices?

Silvia   Sí.

Marcela   Pues Silvia, ¿de qué te espantas

	que haga locuras mi amor?	
	Sin duda le dijo Laura	830
	quién soy, y de mí va huyendo.	

Silvia   Pues si eso temes, ¿qué tratas?

Marcela	Hablarle ya claramente;	
	que puesto que a esta hora falta	
	mi hermano, ya no vendrá	835
	hasta que le lleven capa,	
	y valona, o sea de noche.	
	Tú, Silvia, a esa puerta aguarda.	

(Vase Silvia.)

Lisardo   Mira si ha venido Félix.

Calabazas	Félix no, pero la dama	840
	tapada sí que ha venido.	

Lisardo   ¿Qué dices?

Calabazas   Ecce quem amas.

Marcela	Señor Lisardo, no sé	
	que sea acción cortesana	
	el iros sin despediros	845
	hoy de una mujer que os ama.	

Lisardo	¿Tan presto tuvistis nuevas
	de mi partida?

Marcela	Las malas
	vuelan mucho.

80

Calabazas	¡Vive Dios,

Calabazas   ¡Vive Dios,
que con los demonios hablas!   850
Si es Catalina de Acosta,
que anda buscando su estatua.

Marcela   En fin, ¿os vais?

Lisardo   Sí, y huyendo
de vós, que vós sois la causa.

Marcela   Deso infiero que sabéis   855
ya quién soy, ¡estoy turbada!;
y si el haberlo sabido
anticipa la jornada,
id con Dios; pero advirtiendo
que fue en mí y en vós la causa   860
imposible de decirla,
y imposible de callarla.

Lisardo   No os entiendo, pues no sé
de vós esta verdad clara,
más de lo que sé de vós,   865
y antes la desconfianza
que hacéis de mí, es quien me mueve
a irme.

Calabazas   Ce, por la sala
entra don Félix.

Marcela   ¡Ay triste!

Lisardo   ¿Qué os turba? ¿Qué os embaraza?   870
Conmigo estáis.

Marcela	Es verdad,
	mas puesto que mis desgracias
	unas con otras tropiezan,
	y tan en mi alcance andan,
	sabed que yo soy... No puedo, 875
	no puedo hablar más palabra,
	que entra ya. Mi vida está
	en vuestras manos; guardadla,
	que yo me escondo aquí.

(Escóndese.)

Lisardo	¡Cielos,
	sacadme de dudas tantas! 880
	Ella es su dama sin duda,
	pues que tanto del se guarda.

(Sale Don Félix.)

Don Félix	Lisardo.

Lisardo	Pues ¿qué traéis
	don Félix?

Don Félix	Traigo un pesar,
	y véngole a consolar 885
	con vós que me aconsejéis.

Lisardo	Cuando por haber faltado
	de casa, vete de aquí,
(Vase Calabazas.)	toda la noche creí
	que habíades celebrado 890
	las paces con vuestra dama,

¿al amanecer venís
con el pesar que decís?

Don Félix   Sí, que un mal a otro mal llama.
                ¡Ay Lisardo! Bien dijistis   905
                cuando hablastis de los celos,
                que sus mortales desvelos,
                y que sus efetos tristes,
                eran tan otros tenidos,
                que dados cuanto se ofrece   900
                entre quien hace y padece,
                pues padecen mis sentidos
                el daño que antes hicieron.
                ¡Oh quien mil siglos los diera,
                y un punto no los tuviera!   905

Lisardo   Pues ¿cómo o de qué nacieron?
(Aparte.)   (¡Vive Dios!, que él ha seguido
                esta dama, y que sus celos
                son de mí y della.)

Marcela (Aparte.)   (Los cielos
                den mis penas a partido.)   910

Don Félix   Muy rendido ayer llegué
                donde, ¡ay de mí!, satisfice
                con los extremos que hice
                las lágrimas que lloré,
                las mal fundadas sospechas,   915
                que de mí, ¡ay cielos!, tenía
                la hermosa enemiga mía,
                y cuando ya satisfechas
                estaban, y yo esperaba
                de los sembrados rigores,   920

83

coger el fruto en favores
de la calle en que aguardaba,
entré a vella muy contento;
y porque fue fuerza así
un aposento entreabrí, 925
¡mal haya mi sufrimiento!,
y en él, ¡qué torpes desvelos!,
el bulto de un hombre vi.

Lisardo (Aparte.)   (¡Esto es lo que anoche a mí
me pasó, viven los cielos!) 930

Don Félix   ¡Oh, mal haya yo, porque
aunque su padre viniera,
y aunque su honor se perdiera,
a darle muerte no entré!
Quedarme pude escondido 935
con ánimo de volver
a buscar el hombre, y ver
quién era.

Lisardo   ¿Habeislo sabido?

Don Félix   No, porque ya una criada
le había sacado de allí, 940
tras él al punto salí,
pero no pude hallar nada.
Así hasta medio día
toda la mañana he estado,
¡mirad qué necio cuidado!, 945
pensando que volvería.
Ved si habrá en el mundo quien
tenga el dolor que yo tengo,
pues hoy aquí a tener vengo

| | celos, sin saber de quién. | 950 |

Lisardo (Aparte.)   (En este punto creí
todo cuanto imagine;
la dama esta dama fue,
y yo el encerrado fui.
Las señas son, mas supuesto   955
que él no sabe que fui yo,
ni que ella aquí se ocultó,
ponga fin a todo esto
mi ausencia, puesto que así
todo el silencio lo sella;   960
pues no sabrá agravios della,
ni tendrá quejas de mí.)

Don Félix   ¿Ahora suspenso estáis?
¿Cómo no me respondéis?

Lisardo   Como admirado me habéis,   965
aun más de lo que pensáis.

Don Félix   ¿Qué puedo hacer?

Lisardo   Olvidar.

Don Félix   ¡Ay, Lisardo, quién pudiera!

(Sale Calabazas.)

Calabazas   Señor, una dama ahí fuera
dice que te quiere hablar.   970

Don Félix   Ella es, que habrá venido
a verme. Yo no he de vella.

Lisardo	Mirad primero si es ella.

(Sale Laura tapada.)

Don Félix	¿No he de haberla conocido?	
	Ella es, que en conclusión,	975
	querrá agora, que yo crea	
	que todo mentira sea.	
Lisardo (Aparte.)	(Ya es otra mi confusión,	
	si esta es la que Félix ama,	
	y dentro en su casa vio	980
	un hombre, y este fui yo,	
	¿quién es, quién, estotra dama?)	
Laura	Lisardo, por caballero	
	os ruego, que os ausentéis,	
	y con Félix me dejéis,	985
	porque hablar con Félix quiero.	
Don Félix	¿Quién te ha dicho, que querrá	
	el Félix hablarte a ti?	
Laura	Dejadnos solos.	
Lisardo	Por mí	
	obedecida estáis ya.	990
[Aparte.]	(Fuerza es dejar encerrada	
	la otra dama hasta después,	
	y estar a la vista. Nada	
	tengo ya que temer, pues	
	no es su dama mi tapada.)	995

(Vanse Calabazas y Lisardo.)

Laura   Ya que estamos los dos solos,
               don Félix, y que podré
               decir a lo que he venido,
               escúchame.

Don Félix   ¿Para qué?
               Ya sé que quieres decirme,   1000
               que ilusión, que engaño fue
               cuanto oí, y cuanto vi,
               y si esto, en fin, ha de ser,
               ni tú tienes qué decir,
               ni yo tengo qué saber.   1005

Laura   ¿Y si nada fuese deso,
               sino todo eso al revés?

Don Félix   ¿Cómo?

Laura   Escucha, oiraslo.

Don Félix   ¿Iraste
               si te escucho?

Laura   Sí.

Don Félix   Di, pues.

Laura   Negarte que estaba un hombre   1010
               en mi aposento...

Don Félix   Detén.
               ¿Y es estilo de obligar,

	modo de satisfacer,	
	decirme, cuando esperaba	
	un rendimiento cortés,	1015
	una disculpa amorosa,	
	confesar la ofensa? ¿Ves	
	cómo otra vez la repites,	
	porque la sienta otra vez?	

Laura   Si no me oyes hasta el fin...   1020

Marcela [Aparte.]   (¡Quién vio lance más cruel!)

Don Félix   ¿Qué he de escuchar?

Laura   Mucho.

Don Félix   ¿Iraste
si te escucho?

Laura   Sí.

Don Félix   Di, pues.

Laura   Negarte que estaba un hombre
en mi aposento, y también   1025
que Celia le abrió la puerta,
no fuera justo; porque
negarle a un hombre en su cara
lo mismo que escucha y ve,
es darle a un desesperado   1030
para consuelo un cordel;
mas pensar tú que fue agravio
de tu amor y de mi fe,
es pensar que cupo mancha

	en el puro rosicler	1035
	del Sol, porque con mi honor	
	aún es sombra todo él.	
Don Félix	Pues ¿quién aquel hombre era?	
Laura	No puedo decirte quién.	
Marcela [Aparte.]	(¡Quién vio confusión igual!)	1040
Don Félix	¿Por qué?	
Laura	Porque no lo sé.	
Don Félix	¿Qué hacía escondido allí?	
Laura	No lo sé tampoco.	
Don Félix	¿Pues, dónde la satisfacción está?	
Laura	En no saberlo.	
Don Félix	Bien,	1045
	no saberlo es la disculpa,	
	la culpa el saberlo es,	
	pues ¿cómo quieres que venza	
	lo que sé a lo que no sé?	
	Laura, Laura, no hay disculpa.	1050
Laura	Félix, Félix, déjame,	
	que aunque lo puedo decir,	
	tú no lo puedes saber.	

Don Félix	Otra vez me has dicho ya,
	baldón o despecho fue, 1055
	eso mismo, y ¡vive Dios!
	de no escucharlo otra vez;
	porque aquí me has de decir
	la verdad desto.
Marcela [Aparte.]	(¿Qué haré?
	Que, por disculparse a sí, 1060
	me ha de echar a mí a perder.)
Don Félix	Que nada me está peor,
	que el pensarlo.
Laura	Sí diré.
Marcela [Aparte.]	(No dirás, porque primero

(Pasa por delante tapada, como jurándosela a Don Félix, él quiere seguirla, y Laura le detiene.)

	tus voces estorbaré 1065
	con esta resolución.
	Amor ventura me de
	como me da atrevimiento,
	solo esto he querido ver.)

(Vase.)

Don Félix	¿Qué mujer es esta?
Laura	Hazte 1070
	de nuevas.

| Don Félix | Déjame que |
| | la siga y la reconozca. |

Laura	¡Eso querías tú porque
	pudieras desenojalla,
	diciéndole a ella después,	1075
	que me dejaste por ir
	tras ella! Pues no ha de ser.

Don Félix	Laura mía, mi señora,
	el cielo me falte, amén,
	si sé qué mujer es esta.	1080

Laura	Yo sí, yo te lo diré:
	Nise era, que al pasar
	yo la conocí muy bien.

| Don Félix | Ni era Nise, ni sé yo |
| | cómo estaba aquí. |

Laura	Muy bien;	1085
	la disculpa es no saberlo,
	la culpa el saberlo es.
	Pues ¿cómo quieres que venza
	lo que sé a lo que no sé?
	Adiós Félix.

Don Félix	Si no basta	1090
	el desengaño que ves,
	¿cómo quieres que yo crea
	lo que tú, Laura, no crees?

| Laura | Porque yo digo verdad, |

y soy quien soy.

Don Félix   Yo también,   1095
                y vi en tu aposento a un hombre.

Laura   Yo en el tuyo una mujer.

Don Félix   No sé quién fue.

Laura   Yo tampoco.

Don Félix   Sí supiste, Laura; pues
                ya me lo ibas a decir.   1100

Laura   Ya sin decirlo me iré
                por no dar satisfacciones
                a un hombre tan descortés.

Don Félix   Mira Laura...

Laura   Suelta Félix.

Don Félix   Vete, que es cosa cruel   1105
                haber de rogar quejoso.

Laura   Quédate, que es rabia haber
                de llevar traiciones, cuando
                finezas vine a traer.

Don Félix   Yo bien disculpado estoy.   1110

Laura   Si a aqueso va, yo también.

Don Félix   Pues vi en tu aposento un hombre.

Laura	Yo en el tuyo una mujer.
Don Félix	Si esto, cielos, es amar...
Laura	Si esto fortuna, es querer... 1115
Los dos	¡Fuego de Dios en el querer bien! Amén, Amén.

Fin de la segunda jornada

Jornada tercera

Salen Marcela y Silvia.

Silvia	Grande atrevimiento fue.
Marcela	Como perdida me vi
	cuando ya a Laura escuché,
	que iba a descubrir allí
	cuando en su casa pasé; 5
	estorbar la relación
	quise con tan loca acción,
	que, ya preciso un pesar
	algo se ha de aventurar.
Silvia	Así es verdad.
Marcela	La razón 10
	que me animó más, fue ver
	a Lisardo, que esperaba
	más afuera, al parecer,
	en qué el suceso paraba
	de su encerrada mujer; 15
	y como yo lo sabía
	no temí la empresa mía;
	pues, a no suceder bien,
	ya en Lisardo, al menos quien
	me defendiese tenía; 20
	y en fin, ello sucedió
	mejor que esperaba yo;
	pues yo a mi cuarto pasé,
	y en los celos que dejé
	el lance se barajó, 25
	de suerte, que ni Lisardo

	se empeñó por mí gallardo,	
	ni Laura el caso contó,	
	ni Félix me conoció,	
	ni yo mayor susto aguardo.	30
Silvia	Digo que fue extraño cuento,	
	y si escarmiento ha dejado,	
	será de más fundamento.	
Marcela	Pues ¿cuándo dejó escarmiento,	
	Silvia, peligro pasado?	35
	Antes el haber salido	
	deste, también me ha movido	
	a pensar cómo pudiera	
	ser que Lisardo volviera	
	a verme.	
Silvia	Oye, que hacen ruido.	40

(Por la puerta escondida sale Don Félix.)

Don Félix	Marcela.	
Marcela	¿Qué novedad	
	es entrar tú en mi aposento?	
Don Félix	Es venir mi voluntad	
	por luz a tu entendimiento,	
	por consuelo a tu piedad.	45
	Anoche, cuando saliste	
	de ver a Laura, yo entré	
	en su casa, ¡ay de mí triste!,	
	y vi en su casa, y hallé...	

Marcela	Di, ¿qué hallaste? Di, ¿qué viste?	50
Don Félix	Un hombre.	
Marcela	¿Tal pudo ser?	
Don Félix	Vínome a satisfacer, y una mujer que salió de mi alcoba lo estorbó...	
Marcela	¡Miren la mala mujer!	55
Don Félix	Que con Lisardo debía de estar. Él, cuerdo y discreto, presumiendo que ofendía de mi casa así el respeto, dice que tal no sabía. En fin, sea lo que fuere, que no hay nadie que lo diga, celosa Laura, no quiere que desengaños consiga, ni que disculpas espere. Yo, por no dar a torcer tampoco mi sentimiento, no la quiero hablar ni ver; pero quisiera saber hasta el menor pensamiento suyo. Para esto ha pensado una industria mi cuidado.	60 65 70
Marcela	¿Y es, si me la has de decir?	
Don Félix	Que tú, hermana, has de fingir, que un gran disgusto, un enfado	75

conmigo has tenido, y que
en tanto que esto se pasa,
te quieres ir a su casa:
y así una espía tendré
para el fuego que me abrasa;   80
pues tú a la mira estarás,
y a pocos lances verás,
quien este embozado es,
y con secreto después
de todo me avisarás.   85

Marcela   Aunque hay bien que replicar,
hoy me iré a su casa.

Don Félix   No
puede hoy ser, que por mostrar
cuán poco mi mal sintió,
o por darme este pesar,   90
hoy de su casa ha salido,
y al mar de Antígola ha ido.

Marcela   Pues digo que iré mañana.

Don Félix   La vida me das, hermana;
tuya desde hoy habrá sido.   95

(Vase.)

Marcela   ¿Hay cosa como llegar
rogándome lo que yo
puedo, Silvia, desear?
Pero mira quién se entró
en el cuarto sin llamar.   100

Silvia	Laura y Celia son, señora.

(Salen Laura y Celia, con capotillos y sombreros.)

Marcela	Laura mía, ¿a aquesta hora?	
Laura	No te espantes desto, amiga, que a tanto una pena obliga.	
Marcela	¿Quién lo duda? ¿Quién lo ignora?	105
Laura	De la suerte que de mí te fuiste ayer a valer, vengo a valerme de ti.	
Celia	Aprended, damas, de aquí, lo que va desde hoy ayer.	110
Laura	Aquel hombre que dejaste cerrado, Marcela mía, en mi casa vio don Félix.	
Marcela	¡Jesús!	
Laura	No importa que diga el cómo o el cuándo, puesto que bastaba ser desdicha, para que ella se estuviese desde luego sucedida. Quísele satisfacer, y vine a tu casa, amiga, sin mirar a los respetos a que el ser quien soy me obliga. Entré en su aposento, y cuando	115 120

a representarle iba
disculpas, que no tocase 125
en tu opinión, ni en la mía,
una mujer que detrás
de su aposento tenía,
y que era sin duda Nise.

Marcela   ¿Quién duda que ella sería? 130

Laura   Salió a dar celos por celos.

Marcela   ¡Hay tan gran bellaquería!
                  ¿Y qué hizo Félix a eso?

Laura   Él, aunque quiso seguilla,
                  yo no le dejé. En efeto, 135
                  las dos quejas repetidas,
                  ni las suyas quise oír,
                  ni él saber quiso las mías.
                  Por mostrar que estaba, ¡ay cielos!,
                  gustosa y entretenida, 140
                  ¡oh cuán a costa del alma,
                  Marcela, un triste se anima!
                  Al mar de Antígola hoy
                  salí con una amigas,
                  donde, aunque debió alegrarme 145
                  su hermosa apacible vista,
                  no pudo, que para mí
                  ya se murió la alegría,
                  tanto que ni el ver la reina,
                  que infinitos siglos viva, 150
                  para que flores de Francia
                  nos den el fruto en Castilla,
                  cómo en su verde carroza,

que caballos del Sol tiran,
varado bajel de tierra   155
llegó a abordar a la orilla,
ni el ver tan ufano entonces
ese breve mar que imita
del Océano las ondas
encrespadas y movidas   160
de los céfiros suaves,
cuando al mirar quien las pisa
como plata las entorcha,
y como vidro las riza.
Ni el ver que ya el bergantín,   165
coche del mar, pues le guían
como caballos los remos,
a quien el freno registra
de un timón, abrió el estribo
de su hermosa barandilla,   170
para que su popa ocupe,
para que su esfera admita
un Sol a quien hizo guarda,
no menos que el Alba misma.
Ni el ver las hermosas damas,   175
que como flores seguían
la rosa, bien así como
tejido coro de Ninfas,
en las selvas de Diana
profanas fábulas pintan.   180
Ni el ver en fin, que tan bello
ya el bajel bogando iba
el piélago de cristal,
que al acercarse a la Isla
del Cenador, que con tantas   185
flores el estanque habita,
no pudo determinar

desde aparte, no, la vista,
cuál el bergantín, o cuál
era el Cenador, pues vía   190
flores en cualquiera tantas,
que unas a otras competidas,
naval batalla de flores
se dieron muertes, y vivas
me pudo aliviar, pues toda   195
esta pompa hermosa y rica,
en los cristales bullicio,
en las flores alegría,
en los vientos suavidad,
en las hojas armonía,   200
en las damas hermosura,
y en todos los campos risa:
llanto fue, llanto en mis ojos.
Celosa de Fénix, mira
si a quien esto no divierte   205
bastantemente peligra.
Yo no he de hablarle; porque
es triste cosa, es indigna
acción darle yo a torcer
mis celos; y así quería   210
de una industria aquí valerme,
si es que mi amistad codicias;
y es, que para que yo vea
si Nise en su cuarto habita,
le he de acechar esta noche   215
por aquella puerta, amiga,
que dijiste, y que a su cuarto
cae y él tiene escondida.
¿Cómo faltar de mi casa
podré? es fuerza que aquí digas;   220
y responderete yo

que hoy mi padre fue a una villa,
adonde su hacienda tiene,
y no vendrá en cuatro días.
Así que estas noches puedo   225
ser tu huéspeda, si obliga
mi amistad a esta fineza,
pues es fineza de amiga
tan principal, tan discreta,
tan noble y tan entendida.   230

Marcela   ¿Cómo te podré negar,
                 Laura, lo que solicitas,
                 si con mi razón me arguyes,
                 si con mi dolor me obligas?
                 Solo hay un inconveniente;   235
                 mas si tú lo facilitas
                 ven desde luego a mi casa;
                 mal dije, a la tuya misma.

Laura   ¿Cuál es el inconveniente?

Marcela   Tanto mi hermano te imita   240
                 en el dolor y en la causa,
                 (no importa que te lo diga,
                 primero somos nosotras)
                 que hoy me ha pedido que finja
                 con él un enojo, y vaya   245
                 a ser por algunos días
                 tu huéspeda, porque yo
                 allá de adalid le sirva;
                 pues si no voy a tu casa
                 yo, porque estás tú en la mía,   250
                 dirá...

Laura	Escucha: antes mejor
	es que desde luego finjas
	tú el enojo, y que te vayas;
	pues con aquesto le obligas
	a que él esté más seguro
	de que yo en su casa asista.

255

Marcela	Dices bien, que con mi ausencia
	se sanea esta malicia.

Laura	¿Cómo se ha de hacer?

Marcela	Así:
	dame el manto, y dirás, Silvia,
	que me fui en casa de Laura,
	que para hacer más creída
	la causa, quise ir de noche,
(Pónese el manto.)	y después (aparte mira),
	busca a Lisardo, y dirasle,
	[cómo mi afecto le avisa
	que a verme vaya esta noche]
	y quédate donde sirvas
	a Laura. Tú, Celia, ven
	conmigo; pues nos obliga
	esto a trocar con las casas
	las criadas.

260

265

270

Laura	¿Tan aprisa?

Marcela	Estas cosas más se aciertan
	mientras menos se imaginan.

Laura	Marcela, a mi casa vas;
	por ella y por mi honor mira.

275

Marcela	Por ella mira y mi honor,
	pues te quedas tú en la mía.
	¿En qué ha de parar aqueste
	trueco?
Celia	¿Quieres que lo diga? 280
	En algún lance que a todos,
	o nos case o nos aflija.

(Vanse por una parte Celia y Marcela, y por la otra Silvia y Laura, y salen Lisardo y Calabazas.)

Lisardo	¿Qué papel es ese?
Calabazas	Es
	el que es, ha de ser, y ha sido
	del tiempo que te he servido, 285
	cuenta estrecha.
Lisardo	Dime pues,
	¿a qué propósito agora...?
Calabazas	A propósito de que hoy
	de tu servicio me voy.
Lisardo	¿Por qué causa?
Calabazas	¿Quién lo ignora? 290
	Porque andas aquestos días
	muy discreto.
Lisardo	¿Qué has querido
	decir?

Calabazas	Que andas divertido.
Lisardo	Tales son las penas mías.
Calabazas	Y no ha de ser tan discreto 295

el amo, que ha de pensar,
que no le puede guardar
Calabazas el secreto.
Tú te andas solo contigo,
contigo solo te estás, 300
contigo vienes y vas,
y en fin, contigo y sin migo
en cualquier parte te ven;
que parecemos, señor,
el dinero y el amor; 305
mirad con quién, y sin quién.
Si alguna tapada viene
a verte, salte allá fuera;
si vas a verla, aquí espera,
porque ir allá no conviene. 310
Pues ¿esto ha de ser así?
¡Pesar de quien me parió!
¿Para qué te sirvo yo?
Y así quiero desde aquí
buscar amo más humano; 315
porque para mí, en rigor,
ninguno será peor,
aunque sea un luterano,
aunque sea un presumido
de docto, siendo menguado 320
con ingenio un desdichado,
sin él un introducido;
un poeta que hace trazas

de comedias, y seamos
los criados y los amos 325
todo en casa Calabazas;
aunque sea un lindo compuesto,
que hable melifluo y despacio,
y aunque galantee en palacio,
que es peor que todo esto. 330

Lisardo   Las cosas que me han pasado
tan públicas han venido,
Calabazas, que no ha sido
forzoso haberlas contado.
Para que las sepas, pues, 335
hablar a aquella tapada,
en el campo, tan guardada,
verla en su casa después,
adonde me sucedió
aquel lance parecido 340
al de Félix, que escondido
en su casa me pasó;
Venir a verme a la mía,
adonde desengañado
de que esotra me ha dejado, 345
la que don Félix quería;
salir de allí tan veloz;
irse en fin como se fue:
ello se dice y se ve,
sin que aquí tenga mi voz 350
que contar; pues aunque quiera
no te puedo decir más
de lo que tú viendo estás.

Calabazas   Ella es gentil embustera.

Lisardo	En cuanto a que ando pensando	355
	qué es lo que me ha sucedido,	
	es verdad, y estoy corrido	
	de estar creyendo y dudando,	
	qué mujer es esta; pues	
	cuando yo ser presumía,	360
	dama de Félix, vivía	
	sin discurrir; mas después	
	que estando conmigo ella,	
	de Félix la dama entró,	
	y que me desengañó	365
	de que era otra dama aquella.	
	Mayor deseo me ha dado	
	de saber quién es; pues puedo	
	perder a su honor el miedo	
	que por Félix le he guardado.	370

Calabazas   Yo bien pudiera a decir
quién es.

Lisardo   ¿Tú?

Calabazas   Yo.

Lisardo   Dilo pues.

Calabazas   ¡Vive Dios, que sé quién es!

Lisardo   Pues no me hagas discurrir.

Calabazas	¿Ella no es enredadora?	375
	quien es sé, ¿no es embustera?	
	quien es sé, ¿no es bachillera?	
	quien es sé, ¿no es habladora?	

	La misma razón lo enseña.	
	Quien es, sí, jurado a Dios,	380

Lisardo   Dilo.

Calabazas   Aquí para los dos,
es...

Lisardo   Prosigue.

Calabazas   Alguna dueña.

Lisardo   Qué disparate.

(Sale Silvia.)

Silvia   Lisardo,
que aquí me escuchéis os pido.

Calabazas   ¡Mujer! ¿De dónde has caído?   385

Lisardo   Ya lo que quieres aguardo.

Silvia   Una dama, de quien vós
la casa, señor, sabéis,
que a su ventana llaméis
esta noche os pide, adiós.   390

(Vase.)

Calabazas   Tapada de las tapadas,
oye.

Lisardo   Tente, ¿dónde vas?

Calabazas	Deja, que no quiero más
	de darla dos bofetadas,
	que las lleve a su señora.

395

Lisardo	¿Hay quien tus locuras crea?

Calabazas	Porque otra vez no me sea
	dueña enjerta.

Lisardo	Escucha agora,
	pues que ya la noche fría
	en mal distinto arrebol,

400

da prisa diciendo al Sol,
que se vaya con el día,
y a mí esperándome están,
dame un broquel, y tú aquí
me espera.

Calabazas	¿Yo esperar?

Lisardo	Sí.

405

Calabazas	Espere un judío de Orán,
	que a casa donde encerrado
	estuviste, y aun corrido,
	y hay padre de conocido
	y galán de imaginado,

410

no has de ir solo.

Lisardo	Sí he de ir.

(Sale Félix.)

| Don Félix | ¿Dónde, Lisardo? |
| Lisardo | No sé |

Lisardo   No sé
                 cómo callaros podré,
                 ni cómo os podré decir
                 lo que en Ocaña me pasa.   415
                 ¿Tenéis que hacer ahora?

Don Félix   ¿Yo?
                 Ni en toda esta noche.

Lisardo   ¿No?

Don Félix   [No], que el fuego que me abrasa,
                 por acrecentar su ardor,
                 treguas por ahora ha dado.   420

Lisardo   Pues yo quiero mi cuidado
                 fiaros ya sin temor,
                 que si hasta aquí he suspendido
                 la relación que empecé,
                 respeto que os tuve fue;   425
                 pero habiendo ya sabido
                 que nada os puede tocar,
                 y sois quien sois en efeto,
                 de mi amor todo el secreto,
                 hoy os tengo de fiar.   430
                 Venid conmigo, y sabréis,
                 porque el tiempo no perdamos,
                 extraños sucesos.

Don Félix   Vamos;
                 que mucha merced me haréis
                 en divertir el dolor   435

de que mi pecho está lleno;
porque de amor el veneno
cure triaca de amor.

Calabazas   Yo ¿qué he de hacer?

Lisardo   Esperar
aquí en casa a que vengamos.   440

(Vanse los dos.)

Calabazas   ¡Buenos, paciencia, quedamos,
sin ver, ni oír, a callar!
Cuando no tiene el servir
otro gusto, otro placer,
que escuchar para saber,   445
y saber para decir,
aun deste gusto me priva
el recatarse de mí.
Pues no he de pasar así;
así Calabazas viva,   450
que por aquel mismo caso,
que aquí de mí se guardó,
tengo de seguirle yo.
Tras ellos, paso entre paso,
tengo de irme rebozado;   455
porque si yo, cual sospecho,
no le mormuro y acecho,
¿para qué soy su criado?

(Vase, y hacen ruido dentro, y sale como tropezando Fabio y un criado.)

Criado   Aliéntate, que ya estás
cerca de Ocaña, señor.   460

Fabio	Es tan notable el dolor,	
	Lelio, que no puedo más;	
	que aunque yo por descansar	
	de la yegua me apeé,	
	y quise venir a pie	465
	este rato, por dejar	
	con ejercicio vencido	
	el dolor de la caída,	
	te confieso que en mi vida	
	no me he visto tan rendido.	470
Criado	Ello fue dicha, señor;	
	pues apenas una legua	
	andada, cayó la yegua,	
	porque pudieras mejor	
	volverte a tu casa, donde	475
	con más cuidado podrás	
	curarte.	
Fabio	A esta pierna más	
	todo el golpe corresponde,	
	que fue la que me cogió	
	debajo.	
Criado	Súbete, pues	480
	irás antes.	
Fabio	Mejor es	
	andar otro poco, y no	
	dejar, Lelio, resfriar	
	la caída.	
Criado	Dices bien;	

mas considero también   485
que ya ha empezado a encerrar
la noche, y que lo que andando
en tal parte se mejora,
se llega más a deshora
a tu casa, y quizá cuando   490
ya recogida, no habrá
modo de curarte.

Fabio   Bien
dices; la yegua prevén,
que atada a ese tronco está,
y vamos, si esto restaura   495
mi salud; aunque yo creo
que ir a casa no deseo,
por no dar cuidado a Laura,
que me quiere de manera,
que temo que hoy ha de ser   500
su fin, si me ve volver
con una pena tan fiera.

Criado   Como hija, claro está
que lo sienta mi señora.

Fabio   Pondré que aquesta es la hora   505
que está recogida ya.

Criado   ¿Quién lo duda?

Fabio   ¡Oh, cuánto siento
haberla de despertar!
Mas no lo puedo excusar.
Lo que haré será, que atento   510
a su quietud llamaré

por la puerta principal;
pues con prevención igual
podrá ser, pues que se ve
de su cuarto más distante,   515
no oírme.

Criado   Dispón ahora
tu salud, que mi señora
lo estimará.

Fabio   No te espante
verme con tanta fineza
que soy en mi senectud,   520
amante de su virtud,
como otros de su belleza.

(Vanse.)

(Salen Lisardo y Don Félix.)

Don Félix   Mucho me he holgado de oíros
por ser la novela extraña.

Lisardo   Esto es por mayor; que dejo   525
de decir mil circunstancias,
por no cansaros, don Félix,
y pues sabéis que me aguarda,
idos con Dios, que ya es hora.

Don Félix   Decirme a mí que una dama   530
vais a ver, y haberme dicho
que tuvistis en su casa
riesgo, y decir que me quede,
son dos cosas muy contrarias;

	pues no soy de los amigos	535
	yo, con quien solo se hablan	
	las cosas; que precio más	
	las obras que las palabras.	
	Id a lograr vuestro amor	
	norabuena, que hasta el alba	540
	yo sabré estar en la calle.	

Lisardo   A amistad, don Félix, tanta,
                 mal hiciera en resistirme.

(Sale Calabazas como acechando.)

Calabazas [Aparte.]   (Si cual veo lo que andan,
                        lo que hablan viera, yo viera   545
                        lo que andan y lo que hablan,
                        llegarme quiero.)

Lisardo   ¿Qué es esto?

Don Félix   Un hombre, si no me engaña
                 la vista, que tras nosotros
                 viene.

Lisardo   Pues sacad la espada.   550

Don Félix   ¿Quién va?

Calabazas   Naide va, porque
                 no diz que va el que se para.

Don Félix   ¿Quién sois?

Calabazas   Un hombre de bien.

116

Lisardo	Pues pase, si acaso pasa.
Calabazas	No paso, que me hago hombre. 555
Don Félix	Pues jugaré yo de espadas.
Lisardo	Dalde la muerte.
Calabazas	¡Detente! ¡Ay, ay señor, que me matas; que soy Calabazas!
Don Félix	¿Quién?
Calabazas	Calabazas.
Lisardo	Calabazas, 560 ¿qué es esto?
Calabazas	Es venir a ver dónde vais.

(Danle los dos.)

Don Félix	¡Por Dios...!
Lisardo	Ya basta, dejalde, no alborotéis, porque está cerca la casa que buscamos.
Don Félix	¿Hacia aquí 565 vive, Lisardo, la dama

117

que venís a ver?

Lisardo   Sí, Félix.

Don Félix   ¿Y es bizarra?

Lisardo   Muy bizarra.

Don Félix   ¿Tiene padre?

Lisardo   Sí.

Don Félix   ¿Y aquí
os cerrastis en la cuadra?   570

Lisardo   Sí.

Don Félix   ¿Y estando ella con vós
entró la que me buscaba?

Lisardo   Sí.

Don Félix   Ved que como la noche
llena está de sombras pardas,
más oscura que otras veces,   575
pues aún la Luna le falta,
podrá ser que os engañéis.

Lisardo   No me engaño. A esta ventana
he de llamar y esta puerta
han de abrir.

Calabazas [Aparte.]   (Ya sé la casa.)   580

Don Félix [Aparte.]	(¿Esta ventana?, ¿esta puerta?
	¡Ay de mí! El cielo me valga,
	que estas las de Laura son,
	para mí dos veces falsas.)
Lisardo	Retiraos, porque yo 585
	la seña, que es esta, haga.

(Hace señas a la reja.)

Don Félix	Si mal no me acuerdo, ¡ay triste!,
	en la relación pasada
	dijistis que la mujer
	que para hablaros aguarda, 590
	es la que hoy escondida
	dentro de mi cuarto estaba.
Lisardo	Es verdad.
Don Félix	Y que la otra
	que vino...

(Sale Celia a la ventana.)

Celia	Ce.
Lisardo	Ya me llaman.
Celia	¿Es Lisardo?
Lisardo	Sí, yo soy. 595
Don Félix (Aparte.)	(Celia es esta.)

Celia   Pues aguarda
                    abriré la puerta.

Lisardo   Ya
                    conmigo habló la criada,
                    y dice que viene a abrirme
                    la puerta.

Don Félix   Antes que la abra,   600
                    decid...

(Abre la puerta Celia.)

Lisardo   No puede ser antes.

Don Félix   Si es...

Lisardo   Adiós, porque me aguarda.

Don Félix   La dama...

Celia   Entrad presto.

Lisardo   Luego
                    hablaremos.

(Vanse.)

(Al entrar Lisardo quiere entrar Don Félix, y dale con la puerta Celia.)

Don Félix   ¡Y en la cara
                    con la puerta me dio Celia!   605

Calabazas   Con cerradura no agravia

una puerta, aunque es de palo;
que el tener hierro le salva.

Don Félix [Aparte.]   (¿Qué es lo que pasa por mí?
¿Quién vio confusiones tantas?   610
¿En casa de Laura? ¡Cielos!
Viene buscando la dama
que hoy de mi cuarto salió,
cuando entró en mi cuarto Laura:
luego ella no puede ser.   615
¿Quién puede ser en su casa?
¡Ah, quién no le hubiera dicho
a Marcela que dejara
para mañana el venir
aquí, que ella lo apurara!   620
Pero mientras más discurro,
más lugar doy a mi infamia.
Pues no discurramos, celos,
sino a ver la verdad clara
caminemos más aprisa;   625
pues ella es Laura, o no es Laura:
si no es ella, ¿qué se pierde
en desengañar mis ansias?
¿Y qué se pierde, si es ella,
en perder la vida, el alma,   630
después de Laura perdida?
La puerta en el suelo caiga.
Pero ¿cómo a esto me atrevo,
si a Lisardo la palabra
le he dado? Pero ¿qué importa   635
la amistad, la confianza,
el respeto, ni el decoro?
Que donde hay celos se acaba
todo, porque no hay honor

ni amistad que tanto valga.)   640

(Da golpes a la puerta como para derribarla, y a este tiempo como más lejos
dan también golpes dentro.)

Calabazas	¿Qué haces, señor?
Don Félix	Darte muerte...
Calabazas	Si es posible, no lo hagas.
Don Félix	Mas ¿qué golpes son aquellos?

Calabazas   ¿De qué te admiras y espantas?
                 Otro será en otra parte   645
                 que le habrá dado otra rabia,
                 y da golpes a otra puerta.

Fabio (Dentro.)	Abre aquí, Celia; abre Laura.
Celia (Dentro.)	¡Ay de mí!, mi señor es.
Don Félix	Fabio es aquel.

(Cuchilladas dentro.)

Fabio   ¡Esta infamia   650
                 llego a ver!

Calabazas   Por Dios, que allá
                 ya han llegado a las espadas.

Don Félix   ¡Mal haya la puerta! amén.

(Sale Lisardo con Marcela en los brazos como a escuras.)

Lisardo   No temáis, señora, nada,
               que aunque llaman a esta puerta,   655
               seguro es quien a ella llama.

Marcela   Con vós Lisardo he de ir;
               que como yo a vuestra casa
               llegue, nada hay que temer,
               si es que ella una vez me ampara.   660

Lisardo   Venid, y no os receléis
               de un hombre que me acompaña.

Marcela   ¿Es Félix?

Lisardo   Sí.

Marcela   Pues mirad
               que es Félix...

Lisardo   ¿En qué reparas?
               Ya no es tiempo de recatos.   665
               ¿Félix?

Don Félix   ¿Quién va?

Lisardo   Mis desgracias.

Don Félix   ¿Qué ha sido aquesto?

Lisardo   Que estando
               hablando con esta dama,
               vino su padre de fuera,

	llamó, y viendo que tardaban	670
	en abrirle, derribó	
	la puerta y sacó la espada.	
	Porque se apagó la luz,	
	tuve lugar de librarla.	
	Llevalda, que yo me quedo	675
	a guardaros las espaldas,	
	porque no os siga ninguno,	
	que conmigo Calabazas	
	quedará.	

Calabazas   No quedará.

Don Félix   Mejor es con ella vaya,   680
                            y nos quedemos los dos.

Lisardo   ¿Tan sola hemos de dejarla?
                            No es razón; pues la primera
                            obligación es la dama
                            en todo trance; así, Félix,   685
                            vós solo habéis de llevarla
                            y ponerla en salvo.

Don Félix   Es justo.
                   En fin, ha venido Laura
                   a mi poder.

Marcela [Aparte.]   (Ay de mí.)

Don Félix [Aparte.]   (Yo estoy muerto.)

Marcela [Aparte.]   (Estoy turbada.)   690

Don Félix   Ven conmigo; que aunque no

	mereces finezas tantas, soy quien soy, y he de librarte.	
Marcela	¿Hay mujer más desdichada?	
Don Félix	¿Hay hombre más infelice?	695

(Vanse.)

(Sale Fabio con luz, y criados con espadas.)

Fabio	Aunque las fuerzas me faltan, no las fuerzas del honor para tomar mil venganzas.	
Lisardo	Deteneos, que ninguno de aquí ha de pasar.	
Fabio	Mi espada hará paso por el pecho vuestro.	700

(Riñen todos.)

Calabazas	¡Infeliz Calabazas! ¿Quién te metió en acechar?	
Lisardo [Aparte.]	(Pues que ya Félix se alarga, antes que aquí me conozcan mejor es volver la espalda; esto es valor, no temor.)	705

(Vase.)

Fabio	Espera cobarde, aguarda.
Calabazas [Aparte.]	(¿Quién creyera, que Lisardo en la ocasión me dejara?) 710
Criado	Aquí se quedó uno dellos.
Fabio	Pues muera, Lelio. ¿Qué aguardas?
Calabazas	¡Deteneos, por Dios!
Fabio	¿Quién sois?
Calabazas	Si es que el miedo no me engaña un curioso impertinente. 715
Fabio	Dejad la espada.
Calabazas	La espada es poca cosa; el sombrero, la daga, el broquel, la capa, la ropilla y los calzones.
Fabio	¿Sois criado del que agravia 720 esta casa?
Calabazas	Sí señor, porque es un agravia casas, que no se puede sufrir.
Fabio	¿Quién es, y cómo se llama?
Calabazas	Lisardo se llama, y es 725 un soldado, camarada

de Félix.

Fabio   Porque no empiece
por lo menos mi venganza,
no te doy muerte.

Calabazas   Haces bien.

(Vase.)

Fabio   Y pues alguna luz hallan   730
mis desdichas, a buscar
iré a Félix. ¡Oh, mal haya
casa con dos puertas, pues
tan mal el honor se guarda.

(Sale Don Félix con Marcela, como a escuras, diciendo antes dentro los primeros versos, y luego abren la puerta, ha de ir cubierta, y salen a ella Laura y Silvia.)

Don Félix   ¡Hola! Traed aquí una luz.   735

Escudero (Dentro.)   (Ya la llevo, si es que hallan
luz unos ojos dormidos.)

Laura   Ya dentro del cuarto andan,
escuchemos desde aquí.

Don Félix   Ya por lo menos ingrata,   740
ya por lo menos no puedes
negarme...

Laura [Aparte.]   (Con mujer habla.)

Don Félix	En este lance, que eres
	mudable, inconstante, falsa,
	cruel, aleve y engañosa; 745
	pues a nadie desengañan
	más cara a cara sus celos.
Marcela [Aparte.]	(Aquí mi vida se acaba.)
Don Félix	¿Para esto veniste hoy
	a mi casa?
Laura [Aparte.]	(La que estaba 750
	tapada, oyes pues la dice
	que hoy ha venido a su casa.)
Don Félix	En mi poder estás, mira
	si había disculpa. ¡Mal haya
	cuanto tiempo te he querido, 755
	cuantas penas, cuantas ansias
	padecí, y cuantas finezas
	hizo mi amor por tu causa!
Laura	¿No escuchas cómo confiesa
	que la ha querido?, ¿qué aguarda 760
	mi paciencia?
Silvia	¿Dónde vas?
Laura	No sé, ¡ay Silvia, estoy turbada!
	A escucharle de más cerca.
Don Félix	¡Oh cuánto con la luz tardas!
Escudero (Dentro.)	Ya va la luz.

Marcela [Aparte.]	(¿Qué he de hacer 765 si la trae?)
Don Félix	¿No dices nada? Pero si estás convencida, ¿qué has de decir?

(Vase apartando Marcela, y Laura atravesándose entre los dos; de suerte, que viene a tomar Don Félix de la mano a Laura, y tenella cuando sale la luz, Marcela se va, y cierra la puerta tras sí.)

Marcela [Aparte.]	¡Oh, si hallara por donde irme; que a lo menos la vida así asegurara! 770
Don Félix	Detente, no huyas, no huyas; que no quiero más venganza de ti, que sepas que sé esto.
Laura [Aparte.]	(Por otra me habla, y he de callar mis agravios, 775 hasta que las luces traigan, y ver que soy yo con quien está.)
Marcela [Aparte.]	(Confusa y turbada la puerta hallé de mi cuarto; este sagrado me valga, 780 pues fue dicha estar abierta.)
Silvia	¿Eres Laura?

Marcela   No soy Laura,
¿eres [tú] Silvia?

Silvia   Yo soy,
¿qué es esto?

Marcela   Fortunas varias.
Cierra esa puerta, y conmigo   785
ven, Silvia, aprisa. ¿Qué aguardas?

(Vanse, y sale la luz.)

Escudero   Ya están las luces aquí.

Don Félix   Déjalas, y afuera aguarda.

(Vase el Escudero, y va a cerrar la puerta Don Félix.)

Laura [Aparte.]   (¡Aquí es ello, cuando vuelva
a verme!)

Don Félix   En efeto, Laura,   790
yo soy quien solo guardó
a sus celos las espaldas.

Laura [Aparte.]   (¿Qué es esto?, ¿cómo de verme
no se turba ni embaraza?)

Don Félix   Solo yo en el mundo trujo   795
para otro galán su dama,
di agora que yo te ofendo.

Laura   ¡No está la deshecha mala!
¡Bien te alientas a fingir

	la razón con que me agravias;	800
	pues viéndote convencido,	
	cuando en tus brazos me hallas,	
	de haberme hablado por otra	
	a quien traes a tu casa,	
	prosigues las quejas della	805
	conmigo!	

Don Félix   Solo eso falta
a mi paciencia ofendida,
que tú agora creer me hagas,
que hablaba con otra yo.

Laura	Pues ¿de qué, Félix, te espantas,	810
	si es verdad?	

Don Félix   Pues ¿dónde está
la mujer con quien yo hablaba?

Laura	Si una casa con dos puertas	
	mala es de guardar, repara	
	que peor de guardar será	815
	con dos puertas una sala.	
	Y se fue.	

Don Félix   Laura, por Dios,
que me dejes. Vete, Laura,
que me harás perder el juicio,
si quieres, que yo no haya   820
traídote aquí, porque
estando, la voz me falta,
tu padre fuera, Lisardo,
no puedo hablar.

Laura	Tú te engañas;
	que yo escondida esta noche 825
	en el cuarto de tu hermana
	he estado, por solo ver
	esto que a mis ojos pasa;
	y ella...

Don Félix   Detente, que agora
lo veré. Marcela, ¡hermana!   830

(Sale Marcela.)

Marcela (Aparte.)   ¿Qué quieres? (Disimular
importa, pues informada
estoy de todo.)

Don Félix   Di ¿ha estado
contigo esta noche Laura?

Marcela   ¿Laura conmigo, señor,   835
a qué efeto? Yo mañana
había de ir a estar con ella,
¿mas, ella conmigo?

Laura   Aguarda,
¿no vine esta tarde yo
a pedirte que en tu casa   840
me tuvieras? ¿Y a la mía
tú...?

Marcela   No prosigas, que nada
deso es verdad.

Don Félix   Laura, ves,

mal te ha salido la traza:
¿estase esotra en su cuarto   845
recogida y retirada,
y dices que estás con ella?

Laura   ¿Pues tú, Marcela, me agravias?

Marcela   Sí, que soy primero yo.

Laura   Pues tanto me apuras, salgan   850
verdades a luz, Marcela
ha sido...

Silvia   A la puerta llaman.

(Dentro Lisardo.)

Lisardo   Abrid don Félix.

Don Félix   Agora
verás que todo se acaba;
pues tu galán, Laura, viene.   855

Laura   Ahí tengo yo mi esperanza.

Marcela [Aparte.]   (Aquí se deshace todo.
¡Quién a Lisardo avisara
de mi peligro!)

Lisardo (Sale.)   Don Félix,
porque ninguno llegara   860
a seguirme, tardé. ¿Dónde
habéis puesto aquella dama?

Don Félix	Veisla aquí, pero primero
	que acabe con mi esperanza
	el verla en vuestro poder, 865
	me habéis de sacar el alma.
Lisardo	Hasta ahora no creí
	que caballeros engañan
	de vuestras obligaciones
	a los que dellos se amparan. 870
	La dama que os entregué
	os pido.
Don Félix	¿No es esta dama
	la que me entregastis?
Lisardo	No.
Don Félix	Solo aquesto me faltaba
	para acabar de perder 875
	la paciencia.
Marcela [Aparte.]	(¡Ay desdichada!)
Lisardo	Si esta suponéis, don Félix,
	porque os obliga otra causa,
	hablad más claro conmigo.
Laura	Yo de confusiones tantas 880
	os sacaré. Di, Lisardo,
	¿es esta a quien buscas y amas?
Lisardo	Esta es. Sí, aquí la tenéis,
	¿qué os ha obligado a ocultarla?

Laura [A Don Félix.]	¡Mira si se está en su cuarto,	885
	recogida y retirada!	
	Primero soy yo, Marcela.	

(Pónela detrás de sí.)

| Don Félix | Corrido estoy; esta daga | |
| | dé a una vil hermana muerte. | |

| Marcela | Lisardo, mi vida ampara. | 890 |

| Lisardo | ¿Hermana de Félix es? | |

| Don Félix | Y en quien tomaré venganza. | |

Lisardo	Sabéis quien soy, y es preciso	
	defenderla y ampararla	
	por mujer.	

Don Félix	También sabéis	895
	quién soy, y que de mi casa	
	menos que quien sea su esposo,	
	no ha de atreverse a mirarla.	

| Lisardo | Luego con serlo quedamos | |
| | bien los dos. | |

(Sale Fabio y gente.)

| Fabio | Esta es la casa, | 900 |
| | entrad. | |

| Don Félix | ¿Qué es esto? | |

Fabio	Esto, Félix, es honor.
Calabazas [Aparte.]	(¡Qué linda danza se va urdiendo!)
Fabio	¿Dónde está un Lisardo, camarada vuestro?
Lisardo	Yo soy; porque nunca a nadie escondí la cara.
Calabazas [Aparte.]	(Nunca la cara escondió, pero volvió las espaldas.)
Fabio	¡Oh traidor!
Don Félix (Pónense los dos a una parte.)	Fabio, teneos; que la cólera os engaña. El enojo que traéis, si ha dado la causa Laura, es conmigo, y me ha tocado como a mi mujer guardarla.
Fabio	No tengo qué responderos, si Laura con vós se casa.
Don Félix	Pues para que veáis si es cierto, aquesta es mi mano, Laura. Y, pues el haber tenido dos puertas esta, y tu casa, causa fue de los engaños

905

910

915

920

que a mí y Lisardo nos pasan:
de la Casa con dos puertas,
aquí la comedia acaba.

Fin de la comedia

Libros a la carta

A la carta es un servicio especializado para
empresas,
librerías,
bibliotecas,
editoriales
y centros de enseñanza;
y permite confeccionar libros que, por su formato y concepción, sirven a los propósitos más específicos de estas instituciones.

Las empresas nos encargan ediciones personalizadas para marketing editorial o para regalos institucionales. Y los interesados solicitan, a título personal, ediciones antiguas, o no disponibles en el mercado; y las acompañan con notas y comentarios críticos.

Las ediciones tienen como apoyo un libro de estilo con todo tipo de referencias sobre los criterios de tratamiento tipográfico aplicados a nuestros libros que puede ser consultado en Linkgua-ediciones.com.

Linkgua edita por encargo diferentes versiones de una misma obra con distintos tratamientos ortotipográficos (actualizaciones de carácter divulgativo de un clásico, o versiones estrictamente fieles a la edición original de referencia).

Este servicio de ediciones a la carta le permitirá, si usted se dedica a la enseñanza, tener una forma de hacer pública su interpretación de un texto y, sobre una versión digitalizada «base», usted podrá introducir interpretaciones del texto fuente. Es un tópico que los profesores denuncien en clase los desmanes de una edición, o vayan comentando errores de interpretación de un texto y esta es una solución útil a esa necesidad del mundo académico.

Asimismo publicamos de manera sistemática, en un mismo catálogo, tesis doctorales y actas de congresos académicos, que son distribuidas a través de nuestra Web.

El servicio de «libros a la carta» funciona de dos formas.

1. Tenemos un fondo de libros digitalizados que usted puede personalizar en tiradas de al menos cinco ejemplares. Estas personalizaciones pueden ser de todo tipo: añadir notas de clase para uso de un grupo de estudiantes,

introducir logos corporativos para uso con fines de marketing empresarial, etc. etc.

2. Buscamos libros descatalogados de otras editoriales y los reeditamos en tiradas cortas a petición de un cliente.